標準化・効率化方針で

こう変わった！

実地指導

基本と実務対応

福岡 浩

自由国民社

序

介護保険施設等に対する
実地指導の標準化・効率化の
意味するもの

　2019（令和元）年 5 月29日付で、厚生労働省老健局総務課介護保険指導室長から各都道府県、指定都市、中核市の介護保険施設等指導監査担当課長宛てに、老指発0529第 1 号**「介護保険施設等に対する実地指導の標準化・効率化等の運用指針について」**が発出されました。その翌日に介護保険最新情報Vol.730で公表されましたが、これを読んで内容を十分に理解している介護保険サービス事業所の管理者はまだ少ないようです。

　ここ数年の全国介護保険・高齢者保健福祉担当課長会議（以下、「課長会議」という）では、実地指導の実施率が低いことや指導方法のバラツキなどが問題視されてきました。

　年に 1 回開催される課長会議で毎年のように改善を促してきましたが、いよいよ実地指導のやり方を根本的に見直し、標準化と効率化を徹底しようとする強い意思がうかがえます。

1　実地指導の実施率の低さ　〜待ったなしの『効率化』〜

　これまで度々実地指導の実施率が非常に低いことが問題視されてきました。2016（平成28）年度の全国平均で実施率が16.9%、2017年度で17.2%、2018年度で18.3%、2019（令和元）年度では再び低下して18.0%でした。指定の期間（ 6 年）内に一度も実地指導を受けていない事業所が相当数あるということになります。

　実施率が低い原因の 1 つは、指定事業者が増加しても実地指導担当職員を増やすことができず、人員不足が慢性化していることです。

指導の実施率

介護サービスの種類	所管事業所数	実施事業所数	実施率（%）
指定居宅サービス（予防含む）	174,249	29,047	17.1
介護保険施設サービス	13,490	4,204	31.2
指定居宅介護支援事業所及び 指定介護予防支援事業所	50,157	8,450	16.8
指定地域密着型サービス（予防含む）	71,943	13,313	18.5
合　　計	305,839	55,014	18.0

出典：「令和元年度介護サービスの種類別にみた指導の実施件数」

　厚生労働省老健局総務課介護保険指導室としては、こうした状況を放置できませんので、実地指導を効率的に行い、実施件数を増やす方向に舵を切ったわけです。

2　自治体ごとにローカルルールが存在～明確な標準化へ～

　2010（平成22）年3月に「介護保険施設等実地指導マニュアル」の改訂版が発行されて10年以上経過していることもあり、全国の自治体ごとに指導の内容や確認項目、確認文書等にさまざまな差異が生じています。都道府県が実施する実地指導と、同じ都道府県内にある政令指定都市や中核市が行う実地指導には、微妙な違いもあります。

　そうしたことを踏まえて、標準的な実地指導の実施方法を再構築する必要があり、前述の「介護保険施設等に対する実地指導の標準化・効率化等の運用指針について」が発出されたのです。

　実地指導においては、各事業所における利用者の生活実態やサービス提供状況、報酬請求の適合状況を確認しながら事業者の気づきを促すなど、より良い介護サービスの実現を図る上で有効であるとしています。そのためには、指導の内容、方法を標準化しなければなりませんでした。

前述の文書が発出される2か月余り前の2019（平成31）年3月19日に厚生労働省老健局が例年通り、全国介護保険・高齢者保健福祉担当課長会議を開催しました。この会議で配布された資料の中で、実地指導の「標準化」について具体的な案が提示されました。

　下図を見ると「【標準確認項目】：実地指導で確認する項目の量を縮減」という項目の下に、＜平成12年の主眼事項及び着眼点＞とあります。
　内容は、「**人員基準、設備基準、運営基準等を網羅的に確認**」となっています。**これが全国の自治体ごとに指導の内容や確認項目、確認文書等についてさまざまな差異を生じさせた原因の1つと考えられます。**

実地指導における文書量の削減

○ 実地指導の効率的・効果的実施に資するよう、確認項目の縮減を目的とする「標準確認項目」を提示

◆ 事業所数の増加や自治体の体制充実が難しい実情を踏まえると、あらゆる項目を網羅的に確認する実地指導は困難
◆ 確認しない項目があるリスクよりも、より多くの事業所の実地指導を行うことが重要
◆ 仮に法令違反が発覚した場合には、監査・処分等の対象となることについて集団指導を通じて周知

【標準確認項目】：実地指導で確認する項目の量を縮減

＜H12　主眼事項及び着眼点＞
人員基準、設備基準、運営基準等を網羅的に確認（例）
○訪問介護：約90項目
○通所介護：約90項目
○居宅介護支援：約100項目
○介護老人福祉施設：約140項目

→ 介護サービスの質の確保、利用者保護等の観点から重要項目を抽出 →

＜H31　標準確認項目＞
人員基準、設備基準、運営基準等の項目を抽出し、標準化
○訪問介護：40項目程度
○通所介護：40項目程度
○居宅介護支援：25項目程度
○介護老人福祉施設：50項目程度

【確認文書】：確認項目に対する確認文書の量を縮減（原則これ以外の文書を求めない旨助言）

○標準確認項目・確認文書の例（介護老人福祉施設）

		標準確認項目（抜粋）	確認文書（原則これ以外の文書は求めない）
人員基準	従業員の員数	・利用者に対し職員数は適切であるか ・必要な専門職が揃っているか	・従業員全員の勤務実績表・タイムカード ・勤務体制一覧・従業員の資格証
設備基準	設備	・目的に沿った使用になっているか	・平面図（巡回）
運営基準	サービス提供の記録	・施設サービス計画にある目標を達成するための具体的なサービスの内容が記録されているか ・日々のサービスについて、具体的な内容や利用者の心身の状況を記しているか ・目標の達成状況は記録されているか	・サービス提供の記録 ・業務日誌 ・モニタリングシート
	非常災害対策	・非常災害（火災、風水害、地震等）対応に係るマニュアルがあるか ・非常災害時の連絡網等は用意されているか ・防火管理に関する責任者を定めているか ・避難・救出訓練を実施しているか	・非常災害時対応マニュアル ・運営規程・避難訓練の記録 ・通報・連絡体制・消防署への届出 ・消防用設備点検の記録
	苦情処理	・苦情受付の窓口があるか ・苦情の受付、内容等を記録、保管しているか ・苦情の内容を踏まえたサービスの質向上の取組を行っているか	・苦情受付簿 ・苦情者への対応記録 ・苦情対応マニュアル

出典：全国介護保険・高齢者保健福祉担当課長会議資料（平成31年3月19日）

前ページの図の（例）を見ると「訪問介護：約90項目」とあります。右側の＜平成31年標準確認項目＞では「訪問介護：約40項目程度」となっています。居宅介護支援は、約100項目から25項目程度へ大幅に削減することを提示しています。

　また、介護老人福祉施設も約140項目から50項目程度に絞り込むことになっています。こうした経緯を経て、実地指導における確認文書の量を削減する方向で進められてきました。

3　その場凌ぎの直前対策ではもう通用しない

　実地指導の実施件数を増やすには、効率的に実施するのは当然です。しかし実施件数を増やすこと自体が目的ではなく、実施件数を増やすことによって、より多くの介護保険施設・事業所が運営基準に沿った事業運営を行うようになり、その結果として、利用者に適切なサービスが提供されるということが究極的な目的なのです。

　効率的な実地指導を行うには実地指導の標準化が不可欠です。そこで、確認する項目や確認する文書類を明確に決めています。

　実地指導の元になる『指定居宅サービス等の事業の人員、設備及び運営に関する基準』や『指定居宅介護支援等の事業の人員及び運営に関する基準』など、**各介護サービスの運営基準についてはこれまで以上にその内容の理解が求められるようになると考えられます。**元が１つなのに、指導内容や指導の所要時間などに大きなバラツキが生じるとすれば、間接的にはサービス提供にも影響を及ぼす恐れがあります。

　このように実地指導のやり方が大きく変わりましたので、介護保険サービス事業者は、**これまでのような直前の実地指導対策でやり過ごすことが難しくなると受け止めなければなりません。**むしろ、これまで以上に運営基準等について、事業所全体での理解度を底上げする必要があります。

　言い換えれば、管理者だけが知っている運営基準ではなく、事業所の従

業者一人ひとりが運営基準を理解した上で、**実地指導で指摘事項ゼロの優良事業者となることを目指しましょう。**そのためには日常的に業務の見直しと改善を行う必要があるものの、「実地指導指摘事項ゼロ」は決してできないことではありません。

　そうすることが介護事業者としての経営力向上にもつながり、廃業が増えつつある厳しい介護業界で生き残ることができるのです。

　本書では、大きく変わった実地指導で何をどう確認されるのか、そのために介護事業運営をどう改善すべきなのかについて、具体的に解説していきます。

　なお、前述の『介護保険施設等に対する実地指導の標準化・効率化等の運用指針について』を次のページ以下に示しましたので、一度内容をご確認の上で本書をお読みください。

　最後になりましたが、本書が介護事業者の皆様の「実地指導の基本と実務対応」への理解を深める契機となり、ひいては健全で永続的な介護事業経営の一助ともなれば、筆者としては望外の喜びです。

2021年3月

介護業務運営・業務改善コンサルタント

福岡　浩

老指発0529第 1 号

令和元年 5 月29日

都道府県
各　指定都市　介護保険施設等指導監査担当課長　殿
　中 核 市

厚生労働省老健局総務課介護保険指導室長

（公印省略）

　　　　介護保険施設等に対する実地指導の標準化・効率化等の運用指針について

　平素より、介護保険法の施行にあたり多大なご尽力を賜り、御礼を申し上げます。
　介護サービス事業所・施設（以下「事業所」という。）に対する実地指導については、「介護保険施設等の指導監督について」（平成18年10月23日付け老発第1023001号老健局長通知）（以下「指導監督通知」という。）等に基づき行われているところですが、指導監督通知発出後、一定期間が経過し、全国の自治体毎に指導の内容や確認項目・確認文書に様々な差異が生じているとともに、一部の自治体においては実地指導の実施が低調な状況が見受けられます。
　実地指導は、各事業所における利用者の生活実態、サービスの提供状況、報酬基準の適合状況等を直接確認しながら事業者の気づきを促すなど、より良いケアの実現及び保険給付の適正化を図るために有効であり、これまで、指定の有効期間内に最低でも 1 回以上は実地指導を行うよう助言しているところですが、事業所が年々増加傾向にある中、実地指導は集団指導と併せて効果的に実施するなど一層の効率化が求められています。
　また、平成30年度の厚生労働省老人保健健康増進等事業における「実地指導の効率性の向上に資する手法等に関する調査研究」、「実地指導における文書削減に関する調査研究」等において、自治体、事業所の双方が個別の指摘事項の改善等を通じ、事業所運営の改善につながっていること、指導の標準化を図ることによって自治体及び事業者双方の事務負担の軽減が図られ、より効率的な実地指導が可能となることが報告されており、より多くの事業所に対して実地指導を行うことが介護保険制度における介護サービスの質の確保、利用者保護等に資すると考えられます。

ついては、指導の標準化・効率化及び指導時の文書削減を図り、実地指導の実施率を高める観点から、別添のとおり「実地指導の標準化・効率化等の運用指針」を定めました。これにより、一部の項目や文書を確認しないこととなりますが、実地指導の効率性を向上させ、より多くの実地指導を行うことが重要と考えられることから、今後は、指導監督通知及び本指針を踏まえて実地指導を行っていただきますようお願いいたします。

　また、都道府県におかれましては、貴管内の市町村（指定都市及び中核市を除き、特別区を含む）に対して周知いただきますようお願いいたします。

　なお、指導監督通知の別添1介護保険施設等指導指針において別に定める「介護保険施設等実地指導マニュアル（平成22年3月改訂版）（平成22年3月31日老指発0331第1号本職通知）」（以下「マニュアル」という。）と本指針との関係等については、今後、本指針に基づく実地指導の実施状況及び課題等を、一定期間経過後アンケート調査等により把握し、それを踏まえて改善を図ることとしており、マニュアルについてもそれに併せて見直す予定ですので、あらかじめご了知願います。

別添

実地指導の標準化・効率化等の運用指針

1　実地指導の標準確認項目等

　実地指導は、別紙「標準確認項目」及び「標準確認文書」に基づき、実施するものとする。これは代表的な7種類のサービス＊に関して介護サービスの質の確保、利用者保護等の観点から重要と考えられる標準的な確認項目及び確認文書について定めたものである。

　なお、7種類のサービス以外のものについては、別紙を参考に、各自治体において「標準確認項目」及び「標準確認文書」を検討の上、適宜反映させるものとする。

　「標準確認項目」以外の項目は、特段の事情がない限り行わないものとし、「標準確認文書」以外の文書は原則求めないものとする。

　また、実地指導を進める中で、不正が見込まれる等、詳細な確認が必要と判断する場合は、監査に切り替え、「標準確認項目」及び「標準確認文書」に限定せず、必要な文書を徴し確認するものとする。

　　　＊・・訪問介護、通所介護、介護老人福祉施設、居宅介護支援事業所、認
　　　　　知症対応型共同生活介護、介護老人保健施設、訪問看護

2　実地指導の所要時間の短縮

　実地指導の所要時間については、「標準確認項目」を踏まえることで、一の事業所当たりの所要時間をできる限り短縮するとともに、1日で複数の事業所の実地指導を行うなど事業所と自治体双方の負担を軽減し、実地指導の頻度向上を図ること。

3　実地指導の頻度

　実地指導の頻度については、事業所の指定有効期間に最低でも1回以上は実施することを基本としつつ、本指針に基づく実地指導の標準化及び効率化等を図ってもなお十分な実施頻度の確保が困難な場合には、過去の実地指導等において、事業運営に特に問題がないと認められる事業所の頻度を緩和し、集団指導のみとすることなども検討すること。

4　同一所在地等の実地指導の同時実施

　同一所在地や近隣に所在する事業所に対する実地指導については、できるだけ同日又は連続した日程で行うなどにより、効率化を図ること。

5　関連する法律に基づく指導・監査の同時実施

　老人福祉法等介護保険法に関連する法律に基づく指導・監査等との合同実施については、自治体の担当部門間で調整を行い、事業者の状況も踏まえ同日又は連続した日程で行うことを一層推進すること。

6　運用の標準化

　実地指導の実施に際しては、原則として1ヶ月前までに事業所へその旨通知するとともに、実地指導当日の確認が円滑に行えるよう、当日の概ねの流れをあらかじめ示すものとする。

　利用者へのケアの質を確認するためにその記録等を確認する場合は、特に必要と判断する場合を除き、原則として3名以内とすること。

　ただし、居宅介護支援事業所については、原則として介護支援専門員1人あたり1名〜2名の利用者についてその記録等を確認するものとする。

7　実地指導における文書の効率的活用

　実地指導において確認する文書は、原則として実地指導の前年度から直近の実績に係る書類とすること。

　また、事業所に事前又は指導の当日提出を求める資料の部数は1部とし、自治体が既に保有している文書（新規指定時・指定更新時・変更時に提出されている文書等）については、再提出を求めず、自治体内での共有を図るものとする。

8 留意事項

- ・ 実地指導にあたっては、担当職員の主観に基づく指導や、当該事業所に対する前回の指導内容と根拠なく大きく異なる指導を行わないよう留意すること。
- ・ 個々の指導内容については具体的な状況や理由を良く聴取し、根拠規定やその趣旨・目的等について懇切丁寧な説明を行うこと。
- ・ 高圧的な言動は控え、改善が必要な事項に対する指導やより良いケア等を促す助言等について、事業者との共通認識が得られるよう留意すること。
- ・ 効果的な取り組みを行っている事業所については、積極的に評価し、他の事業所へも紹介するなど、介護サービスの質の向上に向けた指導の手法について工夫すること。
- ・ 実地指導の際、事業所の対応者については、必ずしも当該事業所管理者に限定することなく、実情に詳しい従業者や事業所を経営する法人の労務・会計等の担当者が同席することは問題ないこと。

介護保険施設等に対する実地指導の標準化・効率化等の運用指針の概要

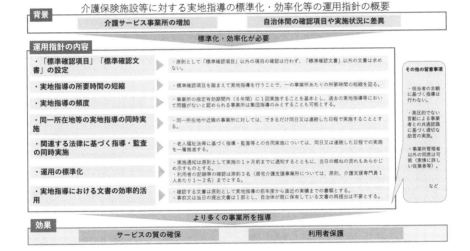

介護保険施設等に対する実地指導の標準化・効率化等の運用指針の概要

背景 介護サービス事業所の増加 ／ 自治体間の確認項目や実施状況に差異 → 標準化・効率化が必要

運用指針の内容

- ・「標準確認項目」「標準確認文書」の設定 … ・原則として「標準確認項目」以外の項目の確認は行わず、「標準確認文書」以外の文書は求めない。
- ・実地指導の所要時間の短縮 … ・標準確認項目を踏まえて実地指導を行うことで、一の事業所あたりの所要時間の短縮を図る。
- ・実地指導の頻度 … ・事業所の指定有効期間内（6年間）に1回実施することを基本とし、過去の実地指導等において問題がないと認められる事業所は集団指導のみとすることも可能とする。
- ・同一所在地等の実地指導の同時実施 … ・同一所在地や近隣の事業所に対しては、できるだけ同日又は連続した日程で実施することとする。
- ・関連する法律に基づく指導・監査の同時実施 … ・老人福祉法等に基づく指導・監査等との合同実施については、同日又は連続した日程での実施を一層推進する。
- ・運用の標準化 … ・実施通知は原則として実施の1ヶ月前までに通知するとともに、当日の概ねの流れもあらかじめ示すものとする。 ・利用者の記録等の確認は原則3名（居宅介護支援事業所については、原則、介護支援専門員1人あたり1〜2名）までとする。
- ・実地指導における文書の効率的活用 … ・確認する文書は原則として実地指導の前年度から直近の実績までの書類とする。 ・事前又は当日の提出文書は1部とし、自体が既に保有している文書の再提出は不要とする。

その他の留意事項
・担当者の主観に基づく指導は行わない。
・高圧的でない言動による事業者との共通認識に基づく適切な助言の実施。
・事業所管理者以外の同席は可能（実情に詳しい従業者等）。
など

→ より多くの事業所を指導

効果 サービスの質の確保 ／ 利用者保護

※別紙について

この後に別紙として、**訪問介護、通所介護、介護老人福祉施設、居宅介護支援**、認知症対応型共同生活介護、介護老人保健施設、訪問看護の**標準確認項目及び標準確認文書**の一覧表が示されています。本書では事業者数、利用者数ともに数が多い、太字の4事業を4〜7章でそれぞれ詳しく解説していますので、そちらをご覧ください。

目次

第3章 間に合わせの直前対策が通用しなくなる理由

第4章 訪問介護の標準確認項目と標準確認文書

<table>
<tr><td>第5章</td><td>通所介護の
標準確認項目と標準確認文書</td></tr>
</table>

<table>
<tr><td>第6章</td><td>居宅介護支援の
標準確認項目と標準確認文書</td></tr>
</table>

第 **1** 章

市町村等が行う
指導と監査の
違いを知る

指導には集団指導と実地指導の2つがある

新たな実地指導がどういうものかを理解する前に、指導と監査について正しく理解しておきましょう。

集団指導と実地指導

事業者に対する指導には、「集団指導」と「実地指導」があります。

●集団指導

集団指導は、毎年1回年度初めなどに開催される**都道府県や保険者（市町村）などが主催する集団指導講習会**のことです。事業所を対象に開催される集団指導講習会は、原則として事業所の責任者である**管理者の出席を義務付け**ています。管理者が出席できない場合には、代理の人が出席するよう求められます。万一、事業所から誰も集団指導講習会に出席しなかった場合には、翌年の実地指導の優先対象となることもあります。

●実地指導

実地指導は原則として、新規に指定事業者となり**事業を開始してから約1年後には実施**されます。

指定申請時には、指定の要件である「**人員の基準**」と「**設備の基準**」に適合していることを審査、確認した後に**指定**が通知されます。事業を開始してから概ね1年後には、「**運営の基準**」も含めた最初の実地指導が行われます。同時に**報酬請求指導**も加わります。その後、実地指導は指定期間（6年）の間に1回実施することになっていますが、自治体によっては実施できていない保険者もあるのが現状です。

開業から10年以上経過している事業所でも、一度も実地指導を受けていないという例も少なくありません。

集団指導と実地指導

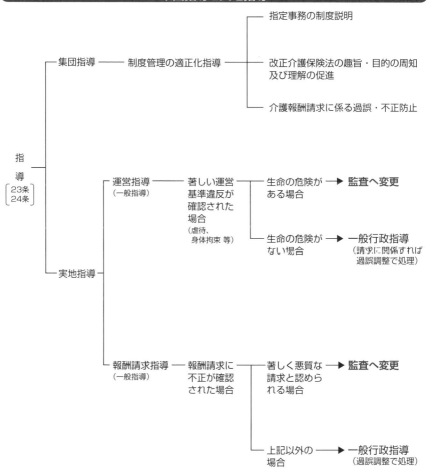

```
                              ┌─── 指定事務の制度説明
                              │
集団指導 ─── 制度管理の適正化指導 ┼─── 改正介護保険法の趣旨・目的の周知
                              │    及び理解の促進
                              │
                              └─── 介護報酬請求に係る過誤・不正防止
```

運営指導（一般指導）

著しい運営基準違反が確認された場合（虐待、身体拘束 等）

- 生命の危険がある場合 ➡ **監査へ変更**
- 生命の危険がない場合 ➡ 一般行政指導（請求に関係すれば過誤調整で処理）

報酬請求指導（一般指導）

報酬請求に不正が確認された場合

- 著しく悪質な請求と認められる場合 ➡ **監査へ変更**
- 上記以外の場合 ➡ 一般行政指導（過誤調整で処理）

指導〔23条24条〕

実地指導

出典：全国介護保険・高齢者保健福祉担当課長会議（2006年8月2日）資料

集団指導講習会の目的は何か

集団指導講習会では、毎年ほぼ同じ内容で行われています。

①指定事務の制度説明

　指定及び指定の更新に係る欠落事由、指定の更新制の説明

②改正介護保険法の趣旨、目的の周知及び理解の促進

　監査指導の権限行使の考え方、事業規制、情報の公表制度の仕組み

　等の説明

③介護報酬請求に係る過誤、不正防止

　都道府県国保連と連携した介護報酬請求事務の講習

（「都道府県・市町村が実施する指導・監査について」より）

　都道府県や保険者が集団指導講習会を開催する目的は、指定事業者に対し「制度の理解」と「不正の防止」を徹底してもらうためです。介護保険法は定期的に改正されるため、事業者にその理解を求めています。

　また、意図的であるか否かにかかわらず、法令違反や介護報酬の不正請求を防止するために講習を行います。

●なぜ管理者の出席を求めているのか?

　集団指導講習会の対象は、管内の指定を受けたすべての事業所ですから、事業所を一元的に管理している管理者が出席しなければならないということです。

　管理者は、集団指導講習会で指導され伝えられた内容を持ち帰り、事業所の従業者に指導内容を理解させ、遵守させる責務があるからです。

02 不正防止と運営基準通りの 介護サービスの提供

市町村等は何のために 実地指導を行うのか

実地指導の必要性とは？

　筆者は時々、介護保険サービス事業所の管理者の方々から、「なぜ実地指導があるのですか？」と聞かれることがあります。そういう時には、必ず次のような説明をしています。

> 　事業者の皆様は、介護保険サービスの事業を始める前に、指定事業者の申請（指定申請）をします。この時に、都道府県や政令指定都市、中核市、保険者は、指定申請した事業者が指定基準を満たしているかどうかを確認します。
> 　この指定基準というのは、人員基準と設備基準のことです。その後、指定通知があり、訪問介護や通所介護などの介護保険サービスの事業所を開業します。その1年後には最初の実地指導があります。この時、初めて「**指定居宅サービス等の事業の人員、設備及び運営に関する基準**」（運営基準という）に基づいて、事業運営の状況を確認するとともに設備や人員についても確認されます。運営基準通りに運営されていなければ指導があり、改善を求められます。

　実地指導がなぜあるのかという問いの答えは、わかりやすく言えば、**事業者が指定申請時に、運営基準を理解し遵守して介護保険事業を運営すると約束して指定を受けている**からです。

　介護保険事業を始める前提条件が、運営基準を遵守して事業を行うことです。しかし、運営基準を理解しないまま運営されている事業所が多いのも事実です。各サービスの運営基準には、管理者の責務として次のように明記されています。次のページは訪問介護の例です。

〈指定居宅サービス等の事業の人員、設備及び運営に関する基準〉
（管理者及びサービス提供責任者の責務）
第28条第1項　略
2　指定訪問介護事業所の管理者は、当該指定訪問介護事業所の従業者にこの章の規定
　を遵守させるため必要な指揮命令を行うものとする。

　今後は管理者の責務を問われる可能性もありますので、運営基準の理解
を深めることがますます重要になります。

　実地指導では運営基準通りに運営が行われているかどうかを検査し、基
準の理解が不十分だったり、間違った報酬請求を行っていたりした場合に
は、期限を定めて改善するよう指導されます。

指定申請時から実地指導まで

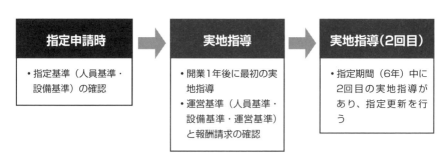

保険者には文書提出命令や立入検査の権限がある

　介護保険制度は、保険者が被保険者から集めた介護保険料と税金を投入
して運営されています。そんなことはわかっていると思われるでしょうが、
ここが重要です。保険者は保険料を支払っている被保険者に対する保険者
としての責任があります。介護保険法に定められた介護サービスを適正に
提供する責任です。

　保険者が要介護者に提供する介護保険サービスは、定められた基準が維
持されなければなりません。そのため、下記のように**介護保険法の第23条**

（文書の提出等）や第76条（報告等）が定められており、保険者が事業者に対して文書の提出を求めることができ、立ち入り検査（実地指導、監査等）などを行うことができます。**事前通知なしの実地指導も可能です。**

　つまり国が胴元の保険事業は、定期的にサービス提供事業者の運営状況をチェックし、必要に応じて指導する必要があるということです。これが実地指導の必要性です。

　なお、実地指導が定期的に行われているのは、厚生労働省が6年間の指定期間に一度は実施するよう、都道府県や保険者などに求めているからです。努力義務として、3年に一度の実施が望ましいとしています。したがって、将来的には実地指導の機会が増える方向に進むと考えられます。

（文書の提出等）

第二十三条　市町村は、保険給付に関して必要があると認めるときは、当該保険給付を受ける者若しくは当該保険給付に係る居宅サービス等（居宅サービス（これに相当するサービスを含む。）、地域密着型サービス（これに相当するサービスを含む。）、居宅介護支援（これに相当するサービスを含む。）、施設サービス、介護予防サービス（これに相当するサービスを含む。）、地域密着型介護予防サービス（これに相当するサービスを含む。）若しくは介護予防支援（これに相当するサービスを含む。）をいう。以下同じ。）を担当する者若しくは保険給付に係る第四十五条第一項に規定する住宅改修を行う者又はこれらの者であった者（第二十四条の二第一項第一号において「照会等対象者」という。）に対し、文書その他の物件の提出若しくは提示を求め、若しくは依頼し、又は当該職員に質問若しくは照会をさせることができる。

（報告等）

第七十六条　都道府県知事又は市町村長は、居宅介護サービス費の支給に関して必要があると認めるときは、指定居宅サービス事業者若しくは指定居宅サービス事業者であった者若しくは当該指定に係る事業所の従業者であった者（以下この項において「指定居宅サービス事業者であった者等」という。）に対し、報告若しくは帳簿書類の提出若しくは提示を命じ、指定居宅サービス事業者若しくは当該指定に係る事業所の従業者若しくは指定居宅サービス事業者であった者等に対し出頭を求め、又は当該職員に関係者に対して質問させ、若しくは当該指定居宅サービス事業者の当該指定に係る事業所、事務所その他指定居宅サービスの事業に関係のある場所に立ち入り、その設備若しくは帳簿書類その他の物件を検査させることができる。

2　（略）

通知から実地指導当日までの流れとその後の対応

指導と監査の違い

　介護保険制度における指導監督は、「**介護保険施設等の指導監督について（通知）**」（平成18年10月23日付　老発第1023001〔最終改正老発第0328第3号　平成30年3月28日〕）に基づいて行われます。この通知は、厚生労働省老健局長から各都道府県知事、市町村長、特別区区長宛てに発信されています。

　したがって、指導・監査を担当する都道府県や市町村の職員はこの通知に基づいて実地指導や監査を行っていると、理解しておきましょう。

　この通知では、介護サービスの質の確保・向上を図ることを主眼とする「**指導**」と、指定基準違反や不正請求等が疑われる際に指定基準や報酬請求の内容等について挙証資料等を基に把握し、介護保険法に定める権限を行使する「**監査**」を明確に区分しており、それぞれ「**介護保険施設等指導指針**」と「**介護保険施設等監査指針**」があります。

　この2つの指針には、それぞれ指導の目的、監査の目的があり、一部違いがみられます。また指導方法と監査方法にも違いがあります。

介護保険施設等指導指針

　介護保険施設等指導指針を見ておきましょう。「第1　目的」の末尾では、「……事業者の支援を基本とし介護給付等対象サービスの質の確保及び保険給付の適正化を図ることを目的とする。」と結んでおり、**事業者の運営上の課題などを解決する支援の手段として実地指導があり、これが保険者等の責務であることがわかります。**

〈介護保険施設等指導指針〉

第1　目的

（中略）……基本的事項を定めることにより、利用者の自立支援及び尊厳の保持を念頭において、介護保険施設及び事業者の支援を基本とし介護給付等対象サービスの質の確保及び保険給付の適正化を図ることを目的とする。

第2　指導方針

（略）

第3　指導形態等

指導の形態は、次のとおりとする。

1　集団指導

集団指導は、都道府県又は市町村が指定、許可の権限を持つサービス事業者等に対し必要な指導の内容に応じ、一定の場所に集めて講習等の方法により行う。

都道府県が集団指導を実施した場合には、管内の保険者に対し、当日使用した資料を送付する等、その内容等について周知する。

また、市町村が集団指導を実施した場合には、都道府県に対し、当日使用した資料を送付する等、情報提供を行う。

2　実地指導

実地指導は、厚生労働省、都道府県又は市町村が次の形態により、指導の対象となるサービス事業者等の事業所において実地に行う。

（1）都道府県又は市町村が単独で行うもの（以下「一般指導」という。）

（2）厚生労働省及び都道府県若しくは市町村、又は都道府県及び市町村（指定都市及び中核市を除く。）が合同で行うもの（以下「合同指導」という。）

第4　指導対象の選定

指導は全てのサービス事業者等を対象とするが、重点的かつ効率的な指導を行う観点から、選定については一定の計画に基づいて実施する。

（1）集団指導の選定基準

集団指導の選定については、介護給付等対象サービスの取扱い、介護報酬請求の内容、制度改正内容及び高齢者虐待事案をはじめとした過去の指導事例等に基づく指導内容に応じて選定する。

（2）実地指導の選定基準

　ア　一般指導

　　（ア）一般指導は、毎年度、国の示す指導重点事項に基づき、都道府県及び市町村がサービス事業者等を選定する。

　　（イ）その他、都道府県及び市町村が特に一般指導を要すると認めるサービス事業者等を対象に実施する。

　イ　合同指導

　　合同指導は、一般指導の対象としたサービス事業者等の中から選定する。

（3）都道府県及び市町村との連携

　　都道府県及び市町村は互いに連携を図り、必要な情報交換を行うことで適切な集団指導及び実地指導の実施に努めるものとする。

第5　指導方法等

1　集団指導

（1）指導通知

　　都道府県及び市町村は、指導対象となるサービス事業者等を決定したときは、あらかじめ集団指導の日時、場所、出席者、指導内容等を文書により当該サービス事業者等に通知する。

（2）指導方法

　　集団指導は、介護給付等対象サービスの取扱い、介護報酬請求の内容、制度改正内容及び高齢者虐待事案をはじめとした過去の指導事例等について講習等の方式で行う。

　　なお、集団指導に欠席したサービス事業者等には、当日使用した必要書類を送付する等、必要な情報提供に努めるものとする。

2　実地指導

（1）指導通知

　　都道府県及び市町村は、指導対象となるサービス事業者等を決定したときは、あらかじめ次に掲げる事項を文書により当該サービス事業者等に通知する。

　　ただし、指導対象となる事業所において高齢者虐待が疑われているなどの理由により、あらかじめ通知したのでは当該事業所の日常におけるサービスの提供状況を確認することができないと認められる場合は、指導開始時に次に掲げる事項を文書により通知するものとする。

　　① 　実地指導の根拠規定及び目的

　　② 　実地指導の日時及び場所

　　③ 　指導担当者

④　出席者

⑤　準備すべき書類等

（2）指導方法

　　実地指導は、別に定める実地指導に関するマニュアルに基づき、関係者から関係書類等を基に説明を求め面談方式で行う。

（3）指導結果の通知等

　　実地指導の結果、改善を要すると認められた事項及び介護報酬について過誤による調整を要すると認められた場合には、後日文書によってその旨の通知を行うものとする。

（4）報告書の提出

　　都道府県又は市町村は、当該サービス事業者等に対して、文書で通知した事項について、文書により報告を求めるものとする。

第6　監査への変更

　実地指導中に以下に該当する状況を確認した場合は、実地指導を中止し、直ちに「介護保険施設等監査指針」に定めるところにより監査を行うことができる。

（1）著しい運営基準違反が確認され、利用者及び入所者等の生命又は身体の安全に危害を及ぼすおそれがあると判断した場合

（2）報酬請求に誤りが確認され、その内容が、著しく不正な請求と認められる場合

実地指導の通知から当日までの流れとその後

　「実地指導」は通常2か月から1か月半前までに、実地指導の実施を知らせる**通知**が届きます。通知には、事前に提出を求める各種書類があり、期日までに提出しなければなりません。

　実地指導当日は、**運営指導**と**報酬請求指導**があります。運営指導は、人員基準、設備基準、運営基準をもとに確認します。報酬請求指導では、加算報酬の請求の根拠となる記録類を中心に確認します。

　実地指導の流れを理解しておきましょう。

実地指導の通知から当日までの流れとその後

 事業所へ実地指導の通知 ・およそ3か月から1か月半前に通知される

 事前提出書類の提出 ・提出期日までに提出する

 実地指導 ・2〜3名の指導担当者が来所し、指導する

 実地指導当日の講評
（口頭指導） ・口頭指導のみの場合は、実地指導終了

 事業所へ実地指導結果の通知
必要に応じ改善指示書 ・改善指示書がある場合には、指摘された項目を
期日までに改善しなければならない

改善報告書の提出・審査 ・期日までに報告書をまとめ、提出する

 改善報告書を元に報酬返還等
が生じる場合、手続きの指示 ・報酬返還が生じる場合には、利用者負担額の
変更もあるので、注意

※事前に通知したのではサービス提供状況が確認できない場合、事前通知なく実地指導を行うこともできる。
※著しい運営基準違反が確認され、利用者及び入所者等の生命又は身体の安全に危害を及ぼすおそれがある等の
場合、直ちに監査に切り替えることもできる。

実地指導当日の講評と改善指示

　当日は2〜3名の指導担当者が来所して指導します。最後に当日の**講評**（口頭指導）があり、口頭指導のみの場合はそれで実地指導は終了します。

　その後、事業所へ実地指導結果の**通知**があり、**改善指示書**がある場合は指摘事項を期日までに改善し、**報告書**にまとめて提出しなければなりません。

　改善報告書を元に報酬返還等が生じる場合は、**手続きの指示**があります。実際に報酬返還が生じる場合には、過去に受領した利用者負担額の変更もあるので注意が必要です。

　下記は横浜市の指導・監査等における指摘事項の例です。

指導・監査等における指摘状況について（横浜市の例）

1　契約書等
　（各サービス共通）

状況	改善指示内容
・契約書・重要事項説明書・個人情報取扱同意書の日付や署名等に漏れがあった。	・事業者・利用者ともに漏れなく記載等を行うこと。
・重要事項説明書等が制度改正を反映していなかった。	・重要事項説明書等を更新し、利用者に説明を行い、文書により同意を得ること。
・負担割合が変わった利用者に対し、文書による同意を得ていなかった。	・利用者に説明を行い、文書により同意を得ること。
・重要事項説明書の苦情相談窓口に、事業所の窓口しか記載していなかった。又は窓口の記載誤りがあった。	・事業所の窓口に加え、サービス提供地域の区役所及び本市介護事業指導課、国保連の相談窓口を記載すること。

2　人員基準等
　（各サービス共通）

状況	改善指示内容
・届出が必要な従業員の変更に際し、変更届を提出していなかった。 例：管理者、サービス提供責任者、介護支援専門員等	・所定の期日までに本市介護事業指導課へ届け出ること。
・管理者が同一敷地外の事業所と兼務していた。	・兼務可能な範囲を確認し、速やかに配置基準を満たすこと。

状況	改善指示内容
・所定労働時間数を超過した勤務時間数を含めることで人員基準を満たしており、超過分を除くと基準を満たしていなかった。	・超過分を除いて,人員基準を満たすよう従業員を配置すること。 ※勤務延時間数に算入する時間数は、常勤者が勤務すべき勤務時間数を上限とします。
・勤務時間の記録が残されておらず、従事時間や休暇、遅参早退等の状況が確認できなかった。	・タイムカードや出勤簿を用いるなど、全従業員の勤務時間の記録を整備すること。 ※法人代表等であっても、介護職員として勤務する場合は上記の整備が必要です。
・事業所に併設している別の施設(有料老人ホーム等)との勤務体制が区分されていなかった。	・同一法人が運営している場合でも、サービス種別ごとに勤務体制を明確に区分したうえで、基準を満たす従業員を配置すること。

3 運営基準・設備基準等
(各サービス共通)

状況	改善指示内容
・介護サービス計画の作成にあたり、利用者または家族の同意を得ていなかった。	・計画の内容について利用者または家族に説明し、速やかに文書により同意を得ること。
・事故の記録は残していたが、本市に事故報告書を提出していなかった。 ・ヒヤリハットの記録が全くなかった。 ・同じような事故やヒヤリハットが多発していたが、再発防止策が講じられていなかった。	・ヒヤリハットや事故については、従業員間で情報共有を行うとともに原因分析を行い、再発防止策を講じること。 ・ヒヤリハット事例は、事業所で記録するとともに事故報告の要件に該当する場合は、本市介護事業指導課に報告すること。
・サービス提供の記録の開始・終了時間が、介護サービス計画に位置付けられた標準的な時間が記載されていた。	・開始・終了時間は、計画上の提供時間を記載するのではなく、実際の時間を記載すること。
【サービス事業所】 居宅介護支援事業者から最新のケアプランの交付を受けていなかった。	・ケアプランが新規作成・更新された場合、速やかに交付を受け、ケアプランの内容に沿って介護サービス計画を更新すること。

4 介護報酬等
(各サービス共通)

状況	改善指示内容
【同一建物減算】※一部サービス除く ・事業所と同一建物に居住する利用者について同一建物減算を適用していなかった。	・減算の算定要件を確認し、適切に算定すること。既請求分は全利用者について遡って減算の適否を確認し報酬差額を返還すること。 ※建物の種別は問いません。
【処遇改善加算】※一部サービス除く ・介護職員処遇改善計画の内容を従業員に周知していなかった。 ・事務員や看護師等の介護職員以外の賃金改善に充当されていた。	・計画の内容を全ての介護職員に周知すること。 ・算定要件を確認し、加算受給額を上回る内容で<u>介護職員の賃金改善</u>を行うこと。

出典:「令和2年度横浜市居宅サービス事業者等集団指導講習会資料」より抜粋

市町村等は何のために
監査を行うのか

　監査は、先述の「**介護保険施設等の指導監督について（通知）**」にある
「**介護保険施設等監査指針**」に基づいて行われます。

介護保険施設等監査指針

　前節で先述したように、指導指針の「第1　目的」の末尾では、「……<u>事
業者の支援を基本とし</u>介護給付等対象サービスの質の確保及び保険給付の
適正化を図ることを目的とする。」という文言がありました。

　一方、**介護保険施設等監査指針**の「第1　目的」の末尾では、「……介護
給付等対象サービスの質の確保及び給付の適正化を図ることを目的とす
る。」と結んでいます（35ページ参照）。

　指導指針と監査指針の「目的」が一見ほとんど同じように見えますが、指
導指針の下線部分「事業者の支援を基本とし…」という文言が監査指針の
方にはありません。

　わかりやすく言えば、指導の目的は事業者の支援を基本としているのに
対し、監査の目的は「**介護サービスの質の確保及び給付の適正化**」に絞ら
れているということです。

悪質な指定基準違反や不正請求を特定するための監査

　監査方針を見ると、指定基準等の違反や介護報酬の不正・不当な請求が
疑われる場合等において、事実関係を的確に把握し、公正かつ適切な措置
を採るとしています。この措置とは法的な対応を前提としています。

　毎年度、運営基準違反や介護報酬の不正請求、利用者への虐待行為等に
より事業所や施設の指定の取消や効力停止等の処分が行われています。

指定取消・効力の停止処分のあった施設・事業所数（合計）：2,748事業所

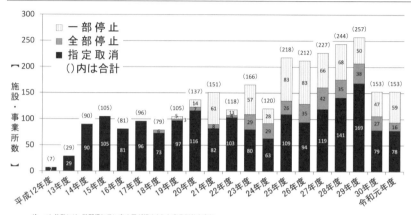

注：1）件数には、聴聞通知後に廃止届が提出された事業所数を含む。
　　2）平成27年度以降には、介護予防・日常生活支援総合事業における指定の事業所を含む。
　　3）効力の停止処分は、平成18年度から施行された。

出典：全国介護保険・高齢者保健福祉担当課長会議（2021年3月9日）資料

主な指定取消事由の年次推移（平25年度〜令和元年度）

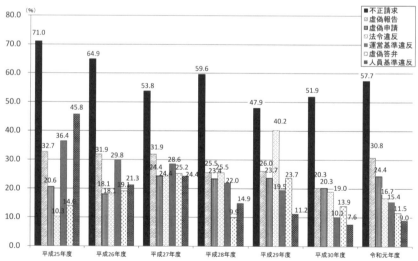

注：1）各年度の指定取消件数を100としたときの割合である。
　　2）件数には、聴聞通知後に廃止届が提出された事業所数を含む。
　　3）平成27年度以降の件数には、介護予防・日常生活支援総合事業における指定の事業所を含む。

出典：全国介護保険・高齢者保健福祉担当課長会議（2021年3月9日）資料

●重大事案の無予告指導と監査への切り替え

　特に虐待行為は、利用者の尊厳を失わせるのみでなく、生命身体にも関わる重大な問題であり、指導指針においても**事前に通知することなく実地指導を行うことも可能**とされています。

　さらに、指導指針の「第6　監査への変更」においても、実地指導中に著しい運営基準違反が確認され、利用者及び入所者等の生命又は身体の安全に危害を及ぼすおそれがあると判断した場合や報酬請求に誤りが確認され、その内容が著しく不正な請求と認められる場合は、**実地指導を中止し、直ちに「介護保険施設等監査指針」に定めるところにより監査を行うことができる**、とされています（27ページ参照）。

　厚生労働省によると、今後「介護保険施設等実地指導マニュアル」の見直し・改訂が予定されていますが、平成22年3月発出の現行版の中で、「指導と監査の明確な区分」（本マニュアルP10）とあり、ここにも次のように明記されています。

「監査は不正請求や指定基準違反に対する機動的な実施」

　長期間にわたり意図して多額の不正請求を行っていた事業者が、これまでも指定取消し等の処分を受けています。また、指定基準違反（運営基準違反等）では、人員の基準に違反していた事業者が多く、報酬返還を余儀なくされ、相応の処分を受けてきました。

　なお、「機動的な実施」という文言が気になりますが、監査の場合は利用者等からの苦情や事業者内部からの通報などがあれば、即時監査を実施するということでしょう。

　例えば、地域包括支援センターなどに利用者からの苦情が複数回あった場合や退職した介護職員が勤務先だった事業者の不正請求の実態を保険者等に通報した場合には、その事業者に対して、「明日、実地指導のため、午前10時に伺いますので、よろしくお願いいたします。」という旨の連絡が実地指導担当部署からあります。

　実地指導と言っていますが、実質的には監査です。実地指導で訪問し、該

当する文書等を発見した時点で監査に切り替え、より詳細な調査を続けます。通報の内容が通報者の思い込みや勘違いであれば、この実地指導はすぐに終了します。しかし、全く別の不正や違反が発覚する例もありましたので、注意が必要です。

全国の処分事例（令和2年度）

事業所所在地	対象サービス	処分内容	処分理由
広島市	通所介護訪問看護	指定取り消し	（1）不正請求 　個別機能訓練加算Ⅰについて、3か月ごとに1回以上の居宅訪問を行っていないにも関わらず、不正に請求した。 （2）法令違反 　一体的に運営している事業所において、下記の法令違反があった。 （3）不正の手段による指定の取得 　指定申請書類において、勤務する予定のない看護職員を充て、人員基準を満たしているように偽装し、指定を受けた。
大阪府吹田市	居宅介護支援	指定取り消し	（1）人員基準違反 　管理者兼介護支援専門員は、届け出た居宅介護支援事業所ではなく市外の賃貸マンション内に常駐していた。 （2）虚偽報告 　監査において、会計関係書類の提示を求めたところ、会計士に渡し事業所にないとの報告をしていたが、実際には会計士に依頼しておらず、作成されていなかった。　ほか
新潟県	訪問介護	指定一部効力停止。新規利用者に対する介護報酬請求停止（4か月）	（1）不正請求 　令和2年2月から令和2年5月の計4か月間、訪問介護員の資格の無い者が提供したサービスについて、別の有資格者が提供したように装った虚偽の書類を作成したうえで介護給付費を不正に請求し、受領した。

【参考】平成30年度全国の指定取消し件数（全サービス）

指定取消事由（以下の丸数字は、上記①～⑫に対応）	件　数
③ 人員について、厚生労働省令で定める基準を満たせなくなった。	6件
④ 設備及び運営に関する基準に従って適切な運営ができなくなった。	8件
⑥ 介護給付費の請求に関して不正があった。	41件
⑦ 帳簿書類の提出命令等に従わず、又は虚偽の報告をした。	16件
⑧ 質問に対し虚偽の答弁をし、又は検査を拒否、妨害した。	11件
⑨ 不正の手段により指定を受けた。	16件
⑩ 介護保険法その他福祉等に関する法律に基づく命令に違反した。	15件
－ その他	26件
合　計	139件

※処分事由ごとにカウントしているため、処分等を受けた事業者数とは一致しません。

出典：「令和2年度横浜市居宅サービス事業者等集団指導講習会資料」より抜粋

下記に介護保険施設等監査指針を示しますので、該当部分を確認しておきましょう。

〈介護保険施設等監査指針〉

第1　目的

（中略）…に係る居宅サービス等（以下「介護給付等対象サービス」という。）の内容並びに介護給付等に係る費用（以下「介護報酬」という。）の請求に関して行う監査に関する基本的事項を定めることにより、介護給付等対象サービスの質の確保及び保険給付の適正化を図ることを目的とする。

第2　監査方針

　監査は、指定居宅サービス事業者等、指定地域密着型サービス事業者等、指定居宅介護支援事業者等、指定介護老人福祉施設開設者等、介護老人保健施設開設者等、介護医療院開設者等、指定介護療養型医療施設開設者等、指定介護予防サービス事業者等、旧指定介護予防サービス事業者等、指定地域密着型介護予防サービス事業者等及び指定介護予防支援事業者等（以下「サービス事業者等」という。）の介護給付等対象サービスの内容について、都道府県及び市町村が条例で定める介護給付等対象サービスの事業の人員、設備及び運営に関する基準に従っていないと認められる場合若しくはその疑いがあると認められる場合、又は介護報酬の請求について、不正若しくは著しい不当が疑われる場合等（以下「指定基準違反等」という。）において、事実関係を的確に把握し、公正かつ適切な措置を採ることを主眼とする。

第3　監査対象となるサービス事業者等の選定基準

　監査は、下記に示す情報を踏まえて、指定基準違反等の確認について必要があると認める場合に行うものとする。

1　要確認情報
（1）通報・苦情・相談等に基づく情報
（2）国民健康保険団体連合会（以下「連合会」という。）、地域包括支援センター等へ寄せられる苦情
（3）連合会・保険者からの通報情報
（4）介護給付費適正化システムの分析から特異傾向を示す事業者
（5）法第115条の35第4項の規定に該当する報告の拒否等に関する情報

2　実地指導において確認した情報
　法第23条及び第24条により指導を行った市町村（特別区を含む。以下同じ。）又は都道府県がサービス事業者等について確認した指定基準違反等

第4　監査方法等

1　報告等
　都道府県知事又は市町村長は、指定基準違反等の確認について必要があると認めるときは、サービス事業者等に対し、報告若しくは帳簿書類の提出若しくは提示を命じ、出頭を求め、又は当該職員に関係者に対して質問させ、若しくは当該サービス事業者等の当該指定に係る事業所に立ち入り、その設備若しくは帳簿書類その他の物件の検査（以下「実地検査等」という。）を行うものとする。
（1）市町村長による実地検査等
　　市町村長は、指定権限が都道府県にある指定居宅サービス事業者等、指定介護老人福祉施設開設者等、介護老人保健施設開設者等、介護医療院開設者等、指定介護療養型医療施設開設者及び指定介護予防サービス事業者等（以下「都道府県指定サービス事業者」という。）について、実地検査等を行う場合、事前に実施する旨の情報提供を都道府県知事に対し行うものとする。
　　なお、都道府県指定サービス事業者の介護給付対象サービスに関して、複数の市町村に関係がある場合には、都道府県が総合的な調整を行うものとする。
（2）市町村長は、指定基準違反と認めるときは、文書によって都道府県に通知を行うものとする。なお、都道府県と市町村が同時に実地検査等を行っている場合には、省略することができるものとする。
（3）都道府県知事は前項の通知があったときは、すみやかに以下の4〜6に定める措置を取るものとする。

2　監査結果の通知等
（1）監査の結果、改善勧告にいたらない軽微な改善を要すると認められた事項については、後日文書によってその旨の通知を行うものとする。
（2）報告書の提出
　　都道府県又は市町村は、当該サービス事業者等に対して、文書で通知した事項について、文書により報告を求めるものとする。

3　都道府県内の連携等
（1）市町村長は、指定地域密着型サービス事業者等及び指定居宅介護支援事業者等に対し、下記4「行政上の措置」を行う場合には、事前に都道府県知事に情

報提供を行うものとする。
（2）都道府県知事は、（1）の情報提供を受けた場合には、下記4「行政上の措置」の事務について、都道府県内の標準化等を図る観点から、当該市町村長に助言を行うものとする。

4　行政上の措置

　指定基準違反等が認められた場合には、法第5章に掲げる「勧告、命令等」、「指定の取消し等」、「業務運営の勧告、命令等」、「許可の取消し等」の規定に基づき行政上の措置を機動的に行うものとする。

（1）勧告

　サービス事業者等に指定基準違反の事実が確認された場合、当該サービス事業者等に対し、期限を定めて、文書により基準を遵守すべきことを勧告することができる。

　これに従わなかったときは、その旨を公表することができる。

　勧告を受けた場合において当該サービス事業者等は、期限内に文書により報告を行うものとする。

（2）命令

　サービス事業者等が正当な理由がなくてその勧告に係る措置をとらなかったときは、当該サービス事業者等に対し、期限を定めて、その勧告に係る措置をとるべきことを命令することができる。

　なお、命令をした場合には、その旨を公示しなければならない。

　命令を受けた場合において、当該サービス事業者等は、期限内に文書により報告を行うものとする。

（3）指定の取消等

　都道府県知事又は市町村長は、指定基準違反等の内容等が、法第77条第1項各号、第78条の10各号、第84条第1項各号、第92条第1項各号、第104条第1項各号、第114条の6、第115条の9第1項各号、第115条の19各号及び第115条の29各号並びに平成18年旧介護保険法第114条第1項各号のいずれかに該当する場合においては、当該サービス事業者等に係る指定・許可を取り消し、又は期間を定めてその指定・許可の全部若しくは一部の効力の停止（以下「指定の取消等」という。）をすることができる。

5　聴聞等

　監査の結果、当該サービス事業者等が命令又は指定の取消等の処分（以下「取消処分等」という。）に該当すると認められる場合は、監査後、取消処分等の予定者に対して、行政手続法（平成5年法律第88号）第13条第1項各号の規定に基づき聴聞

又は弁明の機会の付与を行わなければならない。

　ただし、同条第2項各号のいずれかに該当するときは、これらの規定は、適用しない。

6　経済上の措置
（1）勧告、命令、指定の取消等を行った場合に、保険給付の全部又は一部について当該保険給付に関係する保険者に対し、法第22条第3項に基づく不正利得の徴収等（返還金）として徴収を行うよう指導するものとする。
（2）命令又は指定の取消等を行った場合には、当該サービス事業者等に対し、原則として、法第22条第3項の規定により返還額に100分の40を乗じて得た額を支払わせるよう指導するものとする。

第5　その他
　都道府県又は市町村は、法第197条第2項の規定に基づき、監査及び行政措置の実施状況について、別に定めるところにより、厚生労働省老健局総務課介護保険指導室に報告を行う。

第 2 章

実地指導と
介護サービス情報
公表制度との関係

事業所の介護サービス情報の公表内容がチェックされている

　介護保険サービスを提供している事業者（施設等を含む）は、原則として毎年1回、提供する介護サービスに関する情報を都道府県、政令指定都市に報告しなければなりません。制度を管轄する都道府県や政令指定都市は、事業者から報告された情報を調査、確認し公表しなければならない、と介護保険法で定めています。

公表情報に意図しない虚偽はないか

　特に注意すべきは、**報告に虚偽の疑いがある場合には調査が行われる**という点です。状況によっては実地指導や監査に発展することもあります。

介護サービス情報公表制度のしくみ

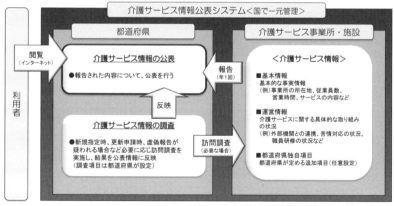

出典：長崎県HP「介護サービス情報の公表等」より

厚生労働省
Ministry of Health, Labour and Welfare

介護事業所・生活関連情報検索
介護サービス情報公表システム

文字サイズの変更 中 **大** **最大**

全国版トップ

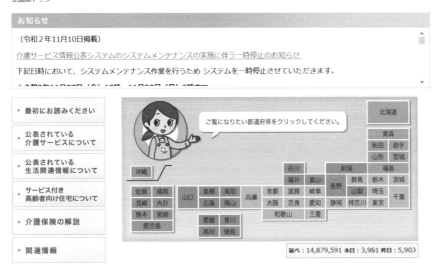

お知らせ

（令和2年11月10日掲載）

介護サービス情報公表システムのシステムメンテナンスの実施に伴う一時停止のお知らせ

下記日時において、システムメンテナンス作業を行うため システムを一時停止させていただきます。

- 最初にお読みください
- 公表されている 介護サービスについて
- 公表されている 生活関連情報について
- サービス付き 高齢者向け住宅について
- 介護保険の解説
- 関連情報

ご覧になりたい都道府県をクリックしてください。

延べ：14,879,591 本日：3,961 昨日：5,903

出典：https://www.kaigokensaku.mhlw.go.jp/

　実地指導の「効率化・標準化の運用指針」により、標準確認項目や標準確認文書が絞られました。その結果、実地指導担当者が事前に必要な事業者情報を補完するツールの1つとして、この「介護サービス情報の公表制度」の情報の重要度がこれまで以上に高まっています。

　従来から実地指導担当者は、この制度で公表されている情報を事前に確認した上で実地指導に臨んでいますが、**確認するポイントがより深まるだろう**と推測できます。

　少なくとも以下の3項目は、必ず確認するのではないかと考えられます。

1. 事業所を運営する法人等に関する事項
2. 介護サービスを提供し、又は提供しようとする事業所に関する事項
3. 事業所において介護サービスに従事する従業者に関する事項

1. 事業所を運営する法人等に関する事項

● 1．事業所を運営する法人等に関する事項

法人等の名称、主たる事務所の所在地及び電話番号その他の連絡先				
法人等の名称	法人等の種類	営利法人		
		（その他の場合、その名称）		
	名称	（ふりがな）	かぶしきかいしゃ　まざーらいく	
		株式会社　マザーライク		
	法人番号の有無	法人番号あり		
	法人番号	4020001097781		
法人等の主たる事務所の所在地	〒232-0052			
	神奈川県横浜市南区井土ヶ谷中町44-3　ライオンズマンションワイドリバー井土ヶ谷102号			
法人等の連絡先	電話番号	045-730-6520		
	ＦＡＸ番号	045-730-5078		
	ホームページ	あり		
法人等の代表者の氏名及び職名	氏名	木村　淳		
	職名	代表取締役		
法人等の設立年月日		2012/10/10		

2. 介護サービスを提供し、又は提供しようとする事業所に関する事項

● 2．介護サービスを提供し、又は提供しようとする事業所に関する事項

事業所の名称、所在地及び電話番号その他の連絡先				
事業所の名称	（ふりがな）	まざーらいくけあせんたーみなみ		
	マザーライクケアセンター南			
事業所の所在地	〒232-0052		市区町村コード	横浜市南区
	（都道府県から番地まで）	神奈川県横浜市南区井土ヶ谷中町44-3		
	（建物名・部屋番号等）	ライオンズマンションワイドリバー井土ヶ谷102号		
事業所の連絡先	電話番号	045-730-5043		
	FAX番号	045-730-5078		
	ホームページ	なし		
介護保険事業所番号	1470502343			
事業所の管理者の氏名及び職名	氏名	信田　和子		
	職名	管理者		
事業の開始年月日若しくは開始予定年月日及び指定若しくは許可を受けた年月日（指定又は許可の更新を受けた場合にはその直近の年月日）				
事業の開始（予定）年月日		2012/10/10		
指定の年月日		2012/12/1		

● 3．事業所において介護サービスに従事する従業者に関する事項

職種別の従業者の数、勤務形態、労働時間、従業者1人当たりの利用者数等

実人数	常勤		非常勤		合計	常勤換算人数
	専従	兼務	専従	兼務		
介護支援専門員	3人	0人	0人	1人	4人	3.8人
うち主任介護支援専門員	3人	0人	0人	1人	4人	3.8人
事務員	0人	1人	0人	0人	1人	0.5人
その他の従業者	0人	0人	0人	0人		
1週間のうち、常勤の従業者が勤務すべき時間数					40.0時間	

※ 常勤換算人数とは、当該事業所の従業者の勤務延時間数を当該事業所において常勤の従業者が勤務すべき時間数で除することにより、当該事業所の従業者の人数を常勤の従業者の人数に換算した人数をいう。

介護支援専門員の男女の人数　男性 0人　女性 4人

従業者である介護支援専門員が有している資格

延べ人数	常勤		非常勤	
	専従	兼務	専従	兼務
医師	0人	0人	0人	0人
歯科医師	0人	0人	0人	0人
薬剤師	0人	0人	0人	0人

　以上は、「事業所の詳細」に掲示されている事項の一部です。

　また、この他に**レーダーチャートに示された7つの事項**も当然確認するでしょう。「運営状況」を確認するのに要する時間はものの数分ですから、担当者は相当の事前情報をもって、実地指導を行うことになります。

　こうした制度がありながら、ほとんど利用されていない実態が指摘され、2012（平成24）年に「**介護サービス情報公表システム**」がリニューアルされました。それ以降、徐々に閲覧件数も増えています。

　利用者の家族や居宅介護支援事業所の介護支援専門員などが、介護サービス事業者を選ぶための情報として参考にするようになってきました。このことは実地指導担当者も十分承知しているはずです。

　厚生労働省のホームページにも次のような案内文があり、介護サービスの利用者に利用を促しています。

　公表情報を活用した利用者の事業所の選択支援を目的として、情報の中から事業所を選択する目安となるポイントや、比較・検討を行う際の事業所間の相違点の読み解き方等について整理されたガイドブックを作成しておりますので、ご参考としてください。

介護サービス情報の公表制度と他の制度はどう違うのか

　介護保険制度創設から20年以上が経過している今でも、実地指導と介護サービス情報の公表制度や「第三者評価」の違いがよく理解できていない介護事業関係者がいます。

各制度とその違い

　介護サービス情報の公表から見た指導・監査や第三者評価との違いを理解しておきましょう。

　第三者評価は、正しくは「**福祉サービス第三者評価制度**」といい、全国社会福祉協議会と都道府県が連携して行っています。保育所や障害者施設などの福祉サービスとともに、介護サービス事業所や介護施設なども任意で受審できます。第三者評価は実施された後に、その結果が必ず公表されます。福祉サービス第三者評価事業の推進体制も見ておきましょう。

指導監査や第三者評価との違い	
第三者評価（評価機関） 任　意	・評価機関が一定の基準に基づいて、基準の達成度合いを評価 ・事業所の介護サービスの質の向上と利用者のサービス選択の支援を目的としている ・実施主体：かながわ福祉サービス第三者評価推進機構が認証した評価機関
介護サービス情報の公表 （都道府県及び政令市） すべての事業所	・すべての事業所を対象として利用者の事業所選択に資する情報を第三者が確認し、その結果のすべてを定期的に開示（年１回） ・事業所の比較検討を可能にし、利用者のニーズに応じた選択を支援する ・実施主体：都道府県及び政令市（指定情報公表センター・指定調査機関）
指導監査（自治体） 義　務	・行政が事業者の指定基準等の遵守状況を確認 ・結果の公表を目的としていない ・実施主体：都道府県及び市町村

出典：神奈川県介護サービス情報公表センターHP

福祉サービス第三者評価事業の推進体制

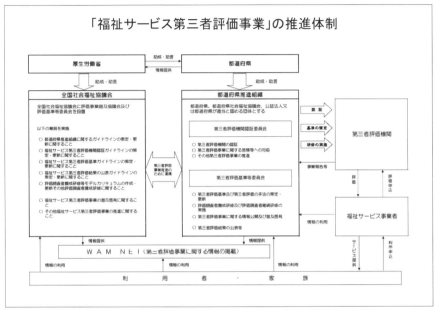

「福祉サービス第三者評価事業」の推進体制

出典：全国社会福祉協議会ホームページ

介護サービス情報の公表と実地指導

　介護サービス情報の公表では、公表しようとする情報を年に1回報告することを義務付け、第三者の確認を経て公表されることになっています。都道府県によっては調査員が事業所や施設に訪問し、公表前の報告内容を確認しています。

　実地指導は、行政（都道府県や保険者）が、介護事業所、施設等の運営基準等の遵守状況や介護報酬請求の状況などを確認し、必要があれば指導し改善を求めます。実地指導の結果等を公表することはありません。

　なお、都道府県や政令指定都市では、介護サービス情報の公表を所轄する部署が、実地指導や監査を執り行う部署と同じ場合が多く、部署、部門間の介護事業所情報の共有が進んでいると考えられます。

公表内容に虚偽があれば
指定取消などの処分もある

介護サービス情報の公表制度の法的根拠

　介護保険法「第十節　介護サービス情報の公表」の第115条の35の第４項〜第７項では、次のような内容が規定されています。

　指定介護事業者には、**年に１回の介護サービス情報の報告が義務付け**られています。この**報告内容に虚偽**があった場合や都道府県が行う**調査を拒否**したり、**調査の実施を妨害**したりした場合には、**指定や許可の取消や効力の停止ができる**ことになっています。

●事業者側の理解が十分とは言えない

　筆者は2018年度まで介護サービス情報の公表の主任調査員を務めていましたので、意図的な虚偽とは言えないまでも、ずさんな報告を行っている事業者を見かけることがありました。

　例えば、報告には研修を実施したとなっていても、筆者が研修の実施記録の確認を求めると、その記録がないという事例は年間に数件はありました。また、調査日以前１年間の資料を確認することになっているにもかかわらず、３、４年前の資料を平然と提示する事業者もありました。

　報告内容が一部間違っていたり、勘違いしたりして報告されている例もあります。事業者の多くは、介護保険法で定められている介護サービス情報の公表について十分に理解されていないのではないかと考えられます。これは法令遵守の観点からも改善すべき課題だと言えます。

　ここで、「介護サービス情報の公表」制度に関する法的根拠（介護保険法第115条の35）を再確認しておきましょう。

介護保険法第115条の35（介護サービス情報の報告及び公表）

（介護サービス情報の報告及び公表）

第百十五条の三十五　介護サービス事業者は、指定居宅サービス事業者、指定地域密着型サービス事業者、（中略）　訪問入浴介護その他の厚生労働省令で定めるサービス（以下「介護サービス」という。）の提供を開始しようとするときその他厚生労働省令で定めるときは、政令で定めるところにより、その提供する介護サービスに係る介護サービス情報（介護サービスの内容及び介護サービスを提供する事業者又は施設の運営状況に関する情報であって、介護サービスを利用し、又は利用しようとする要介護者等が適切かつ円滑に当該介護サービスを利用する機会を確保するために公表されることが必要なものとして厚生労働省令で定めるものをいう。以下同じ。）を、当該介護サービスを提供する事業所又は施設の所在地を管轄する都道府県知事に報告しなければならない。

2　都道府県知事は、前項の規定による報告を受けた後、厚生労働省令で定めるところにより、当該報告の内容を公表しなければならない。

3　都道府県知事は、第一項の規定による報告に関して必要があると認めるときは、当該報告をした介護サービス事業者に対し、介護サービス情報のうち厚生労働省令で定めるものについて、調査を行うことができる。

4　都道府県知事は、介護サービス事業者が第一項の規定による報告をせず、若しくは虚偽の報告をし、又は前項の規定による調査を受けず、若しくは調査の実施を妨げたときは、期間を定めて、当該介護サービス事業者に対し、その報告を行い、若しくはその報告の内容を是正し、又はその調査を受けることを命ずることができる。

5　都道府県知事は、指定地域密着型サービス事業者、指定居宅介護支援事業者、指定地域密着型介護予防サービス事業者又は指定介護予防支援事業者に対して前項の規定による処分をしたときは、遅滞なく、その旨を、当該指定地域密着型サービス事業者、指定居宅介護支援事業者、指定地域密着型介護予防サービス事業者又は指定介護予防支援事業者の指定をした市町村長に通知しなければならない。

6　都道府県知事は、指定居宅サービス事業者若しくは指定介護予防サービス事業者又は指定介護老人福祉施設、介護老人保健施設若しくは介護医療院の開設者が第四項の規定による命令に従わないときは、当該指定居宅サービス事業者、指定介護予防サービス事業者若しくは指定介護老人福祉施設の指定若しくは介護老人保健施設若しくは介護医療院の許可を取り消し、又は期間を定めてその指定若しくは許可の全部若しくは一部の効力を停止することができる。

7　都道府県知事は、指定地域密着型サービス事業者、指定居宅介護支援事業者、指定地域密着型介護予防サービス事業者又は指定介護予防支援事業者が第四項の規定による命令に従わない場合において、当該指定地域密着型サービス事業者、指定居宅介護支援事業者、指定地域密着型介護予防サービス事業者又は指定介護予防支援事業者の指定を取り消し、又は期間を定めてその指定の全部若しくは一部の効力を停止することが適当であると認めるときは、理由を付して、その旨をその指定をした市町村長に通知しなければならない。

まずレーダーチャートで
バランスを見る

　標準確認項目と標準確認文書が具体的に決められたことで、実地指導担当者にとっては効率よく効果的な指導を行う環境が整いつつあります。

自事業所の公表内容を頭に入れておくこと

　これまで通り実地指導担当者は、**事前に対象の介護事業所、施設に関する情報を収集し、分析しています。**

　その1つは、前述した介護サービス情報の公表内容です。実地指導担当者がこの情報を必ず確認しているのはなぜでしょうか。筆者の個人的な推測ですが、全体的にサービスの質に関する項目が多いため、公表内容を見て対象事業所のサービスの質の状況を確認し、運営基準の遵守状況などを想定して実地指導に臨んでいるのではないかと考えられます。

　筆者が介護サービス情報の公表で調査員を務めていた時は、事前に必ず現在の公表内容を確認し、今回報告されている内容と比較していました。報告内容が現在の公表内容よりも改善しているか否か、どの項目が「なし」から「あり」になっているか、またその逆も見ていました。

レーダーチャートを見る

　まず最初に見るのは、「事業所の概要」にある「**レーダーチャート**」です。レーダーチャートには、7つの指標が表示されています。

　ただし、七角形がきれいに表示されていれば、問題がないというわけではありません。きれいな七角形でも、実地指導担当者は苦情対応の記録やサービス担当者会議の開催状況などを確認したり、掲示されている運営規程の内容を確認したりするでしょう。

担当者は、介護サービス情報の公表制度の公表内容の確認以外にも、**国保連が大量の請求データを事業所ごとに解析した結果等**にも目を通しています（60ページ参照）。

介護サービス情報の公表の
重要項目を再チェックする

　前項に示した「レーダーチャート」の7つの指標をもとに、介護サービス情報公表サイトから自事業所の公表内容を見てみましょう。

レーダーチャートの7つの指標

　運営状況 をクリックすると、最初にレーダーチャートがあります。居宅介護支援事業所を例に、次の7つの指標のチェック項目をいくつか確認してみましょう。

---

1 利用者の権利擁護　2 サービスの質の確保への取組　3 相談・苦情等への対応　4 外部機関等との連携　5 事業運営・管理　6 安全・衛生管理等　7 従業者の研修等

利用者の権利擁護

　このページには、「1.利用者の権利擁護のための取組」とあり（1）〜（3）の3項目に対して11のチェック項目があります。

　（1）サービス提供開始時のサービス内容の説明及び同意の取得状況

　重要事項の説明と契約書を交わしていることを確認しています。この2点のチェック欄が○になっていないことはあり得ないと思いますが、念のため確認しておきましょう。

　（2）利用者等の情報の把握及び課題分析の実施状況

　この項目は非常に重要です。利用者のアセスメント（解決すべき課題の

把握）については、実地指導の標準確認文書にも含まれています。アセスメントシート（記録）の項目に、アセスメントを行った日時や担当者名、実施した場所や必要があれば家族等の同席状況も明記しておきましょう。

（3）利用者に応じたサービス計画の作成、同意の取得状況

この項目も重要です。実地指導の標準確認項目にも、「…総合的な居宅サービス計画を立てているか」とあります。また、居宅サービス計画について、利用者や家族に説明し、同意を得ていることを確認します。

1. 利用者の権利擁護のための取組

● 1. 利用者の権利擁護のための取組

(1) サービス提供開始時のサービス内容の説明及び同意の取得状況	チェック項目
・介護保険制度について説明する仕組みがある。	
介護保険制度についての説明用の資料を備え付けている。	○
・「介護サービス情報の公表」制度について説明する仕組みがある。	
「介護サービス情報の公表」制度についての説明用の資料を備え付けている。	○
・利用申込者に対し、サービスの重要事項について説明し、サービス提供開始について同意を得ている。	
重要事項を記した文書に、利用申込者等の署名等がある。	○
・サービス利用契約の際、利用申込者の判断能力に応じて、代理人等との契約を行ったり、立会人を求めている。	
利用者の家族、代理人等と交わした契約書等がある。	○
(2) 利用者等の情報の把握及び課題分析の実施状況	チェック項目
・利用者のアセスメント（解決すべき課題の把握）の方法を定めている。	
統一された基準によるアセスメント（解決すべき課題の把握）シートがある。	○

サービスの質の確保への取組

「2.利用者本位の介護サービスの提供」の（4）から（8）まで、5項目あり、各項目でマニュアルないし記録、確認文書の有無を確認しています。チェック欄に○が少ないということがないようにしましょう。

実地指導の標準確認項目及び標準確認文書でも各種記録の項目があり、必ず確認されます。

ここで重要な項目を2点だけ触れておきます。

（4）認知症の利用者に対する介護サービスの質の確保のための取組

認知症の利用者への対応力を備えるための従業者に対する研修の実施記録を確認します。認知症ケアは日進月歩で進化していますので、状況変化に対応した内容で、できる限り毎年研修を行いましょう。

また、「認知症のケア等に関するマニュアル」についても定期的に見直し、改訂するよう心掛けてください。

（5）利用者のプライバシー保護のための取組

利用者のプライバシー保護は、認知症の利用者対応と同等に重要な項目です。

多くの介護事業所、介護施設では**個人情報保護規程**などがあり、マニュアルとして活用していると思われます。個人情報保護もプライバシー保護と同じようなものという理解が一般的ですが、微妙な違いもあります。両者の保護目的などを含めて理解を深めると、サービスの質の向上が期待できます。

2. サービスの質の確保への取組

● 2. 利用者本位の介護サービスの提供

	チェック項目
(4) 認知症の利用者に対する介護サービスの質の確保のための取組	**チェック項目**
・従業者に対して、認知症及び認知症ケアに関する研修を行っている。	
利用者の対応や従業者に対する認知症等に関する研修の実施記録がある。	○
・認知症の利用者への対応及び認知症ケアの質を確保するための仕組みがある。	
認知症のケア等に関するマニュアル等がある。	○
(5) 利用者のプライバシー保護のための取組	**チェック項目**
・従業者に対して、利用者のプライバシー保護について周知している。	
利用者のプライバシー保護の取り組みにかかるマニュアル等がある。	○
利用者のプライバシー保護の取り組みにかかる研修の実施記録がある。	○
(6) 要介護認定等の申請に係る援助	**チェック項目**
・利用者等からの依頼に基づき、要介護認定の申請（更新）代行を行っている。	
利用者等から、申請代行の依頼を受けたことが確認できる文書がある。	○
(7) 入退院又は入退所に当たっての支援	**チェック項目**
・利用者が、介護保険施設への入所を希望した場合には、施設との連携を図っている。	
居宅サービス計画書（ケアプラン）に、介護保険施設との連絡の記録がある。	○

相談・苦情等への対応

　「3.相談、苦情等の対応のために講じている措置」と「4.サービスの内容の評価や改善等」で、6つのチェック項目があります。

　居宅介護支援の実地指導の標準確認項目に「苦情処理（第26条）」があります。標準確認文書には、「苦情対応マニュアル」、「苦情者への対応記録」、「苦情の受付簿」の3点が明記されています（138ページ参照）。介護サービス情報の公表制度でも、ほぼ同じ文書を確認しています。

　ただし、後者では重要事項説明書に対応窓口等の記載あり・なしも確認します。また、苦情だけでなく相談にも対応することを想定した項目になっています。

　したがって、マニュアルも記録書の表題も「相談・苦情対応マニュアル」、「相談・苦情対応記録書」としておきましょう。

3. 相談・苦情等への対応

● 3. 相談、苦情等の対応のために講じている措置

(9) 相談、苦情等の対応のための取組	チェック項目
・居宅サービス計画書（ケアプラン）に位置付けたサービスに対して、利用者等からの相談、苦情等に対応する仕組みがある。	
重要事項を記した文書等利用者に交付する文書に、相談、苦情等対応窓口及び担当者が明記されている。	○
相談、苦情等対応に関するマニュアル等がある。	○
・相談、苦情等対応の経過を記録している。	
相談、苦情等対応に関する記録がある。	○
・相談、苦情等対応の結果について、利用者等に説明している。	
相談、苦情対応等の結果について、利用者等に対する説明の記録がある。	○

● 4. サービスの内容の評価や改善等

(10) 介護サービスの提供状況の把握のための取組	チェック項目
・介護支援専門員（ケアマネジャー）は、1か月に1回以上利用者の居宅を訪問し、面接している。	
居宅サービス計画書（ケアプラン）又は訪問記録に、1か月に1回以上利用者の居宅を訪問し、面接した記録がある。	○
(11) 介護サービスに係る計画等の見直し	チェック項目

事業運営・管理

　介護サービス情報の公表において、介護サービス事業所がもっとも不得意な項目ではないかと考えられます。「6.適切な事業運営の確保」と「7.事業所の運営管理、業務分担、情報の共有等」で、計7項目があります。

- （14）従業者等に対する倫理、法令等の周知等
- （15）計画的な事業運営のための取組
- （16）事業運営の透明性の確保のための取組
- （17）介護サービス改善のための取組
- （18）従業者の役割分担等の明確化のための取組
- （19）介護サービス提供のため、従業者間の情報共有の取組
- （20）従業者からの相談等への対応状況

　実地指導の標準確認項目には、上記に関連する確認項目はありませんが、実地指導担当者は、相当な関心を持って見ている内容ではないかと考えられます。特に今後は事業所の従業者にも運営基準等を理解してもらい、適切な事業運営、管理が求められるようになるでしょう。

5. 事業運営・管理

● 6．適切な事業運営の確保

（14）従業者等に対する倫理、法令等の周知等	チェック項目
・従業者が守るべき倫理を明文化している。	
倫理規程がある。	○
・従業員に対して、倫理及び法令遵守に関する研修を実施している。	
倫理及び法令遵守にかかる研修の実施記録がある。	○
（15）計画的な事業運営のための取組	チェック項目
・事業計画を毎年度作成している。	
毎年度の経営、運営方針が記載されている事業計画等がある。	○
（16）事業運営の透明性の確保のための取組	チェック項目
・事業計画や財務内容に関する資料を閲覧できるようにしてある。	
事業計画及び財務内容を閲覧できることが確認できる。	○
（17）介護サービス改善のための取組	チェック項目
・事業所が抱える改善課題について、現場の従業者と幹部従業者とが合同で検討する仕組みがある。	
現場の従業者と幹部が参加する業務改善会議等の記録がある。	○

安全・衛生管理等

ここでは、大きく3つの項目があり、実地指導の標準確認項目とも深く関連する項目があります。

（21）安全管理及び衛生管理のための取組
（22）個人情報保護の取組
（23）介護サービスの提供記録の開示状況

安全管理及び衛生管理では、「緊急時対応マニュアル」や「非常災害時対応マニュアル」などを確認しています。

個人情報保護の取組では、「個人情報保護に関する方針」を事業者内に掲示していることを確認しています。実地指導の標準確認項目「秘密保持等（第23条）」では、利用書及び家族の個人情報（使用）同意書などを詳細に確認するものと考えられます。

介護サービスの提供記録の開示状況では、事業所の規定等に、利用者等からサービス提供記録等の開示を求められた場合に、開示に応じることが明記されていることを確認しています。

6. 安全・衛生管理等

● 8. 安全管理及び衛生管理

(21) 安全管理及び衛生管理のための取組	チェック項目
・サービス提供時における利用者の緊急時の対応を定めている。	
利用者の緊急連絡先の記載がある文書、緊急時の対応や連絡体制が記載されたマニュアル等がある。	○
・非常災害時に対応するための仕組みがある。	
非常災害時の対応手順等について定められたマニュアル等がある。	○

● 9. 情報の管理、個人情報保護等

(22) 個人情報保護の取組	チェック項目
・業務上必要とされる利用者やその家族の個人情報を利用する場合は、利用目的を公表している。	
個人情報の利用目的を明記した文書を事業所内に掲示し、利用者等に配布している。	○
・個人情報の保護について、事業所の方針を公表している。	
個人情報の保護に関する事業所の方針を、事業所内に掲示している。	○
個人情報の保護に関する事業所の方針について、ホームページ、パンフレット等への掲載がある。	○
(23) 介護サービスの提供記録の開示状況	チェック項目
・利用者の求めに応じて、サービス提供記録を開示する仕組みがある。	

従業者の研修等

　介護サービス情報公表サイトにアクセスして、特定の介護事業所や介護施設等の運営情報を閲覧する人は確実に増えています。介護サービスの質を判断する指標の1つとして、従業者への研修の実施状況が考えられます。そうした観点から、この3項目は非常に重要です。

　(24) 従業者等の計画的な教育、研修等の実施状況

　(25) 利用者の意向等を踏まえた介護サービスの提供内容の改善状況

　(26) 介護サービスの提供のためのマニュアル等の活用及び見直しの実施状況

　実地指導の標準確認項目では、「勤務体制の確保（第19条）」で、研修計画や研修の実施記録を確認することになります。

　なお、実地指導では確認の対象にはなっていませんが、事業所、施設の定期的な自己評価を行い、各種マニュアルの見直しも定期的に行って、チェック欄に○が表示されていると、実地指導担当者の印象もよいのではないでしょうか。

7. 従業者の研修等

● 10. その他、介護サービスの質の確保のために行っていること

(24) 従業者等の計画的な教育、研修等の実施状況	チェック項目
・全ての「新任」の従業者を対象とする研修を計画的に行っている。	
全ての「新任」の従業者を対象とする研修計画がある。	○
全ての「新任」の従業者を対象とする研修の実施記録がある。	○
・全ての「現任」の従業者を対象とする研修を計画的に行っている。	
全ての「現任」の従業者を対象とする研修計画がある。	○
全ての「現任」の従業者を対象とする研修の実施記録がある。	○
(25) 利用者の意向等を踏まえた介護サービスの提供内容の改善状況	**チェック項目**
・利用者の意向、満足度等を、経営改善に反映する仕組がある。	
経営改善のための会議で、利用者の意向、満足度等について検討された記録がある。	○
・自ら提供するサービスの質について、定期的に事業所の自己評価を行っている。	
自ら提供するサービスの質について、事業所の自己評価を行った記録がある。	○
・事業所全体のサービスの質の確保について検討する仕組がある。	
事業所全体のサービス内容を検討する会議の設置規程等がある。	○

第3章

間に合わせの
直前対策が
通用しなくなる
理由

実地指導の実施件数から
わかる意外な事実

実施率が低い中で実施事業所の半数以上に改善指示

右ページで訪問介護事業所の欄を見ると、事業所数（平成31年４月１日時点）は、35,604で実施事業所数が6,160ですから、**実施率は17.3%です。**

実施率は相当低いですが、**実施事業所数のうち「改善報告を求めた事業所数」が3,238もあり、52.6%と半数を超えています。**

通所介護事業所は事業所数24,147で実施率は18.7%、「改善報告を求めた事業所数」は、2,353で52.1%になります。

実地指導の実施率が比較的高いのは、介護老人福祉施設（特別養護老人ホーム）で、33.1%と全施設の３割強です。比較的高い実施率でも改善報告を求めた事業所数は51.5%と、こちらも半数を超えています。

気になるのは居宅介護支援事業所及び介護予防支援事業所の実施率が17.0%と、他のサービスに比べ低いことです。「改善報告を求めた事業所数」も半数に上ります。

この現状については、厚労省としても早期に改善したいところでしょう。

間に合わせの実施指導対策は効果が薄い

実地指導の通知を受け取ってから、慌てて**実地指導対策**という間に合わせの対応を試みた結果、半数以上が改善報告を求められているわけです。

「標準化・効率化」後の実地指導では、確認項目や確認文書が減ったとはいえ、チェックのポイントがより深まることは容易に想像できます。

繰り返しになりますが、**「実地指導対策」という当事者の自己満足的作業は期待するほどの効果がない**ことは数字の上からも読み取れます。

令和元年度介護サービスの種類別に見た指導の実施件数

介護サービスの種類		所管事業所数(H31.4.1時点)	実施事業所数			
				うち無通告によるもの	うち改善報告を求めた事業所数	うち過誤調整を指示した事業所数
指定居宅サービス	指定訪問介護事業所	35,604	6,160	41	3,238	644
	指定訪問入浴介護事業所	1,843	305	-	99	7
	指定訪問看護事業所	11,748	1,888	6	952	238
	指定訪問リハビリテーション介護事業所	1,606	222	-	104	14
	指定居宅療養管理指導事業所	5,221	109	-	18	3
	指定通所介護事業所	24,147	4,519	27	2,353	537
	指定通所リハビリテーション事業所	2,009	444	2	199	37
	指定短期入所生活介護事業所	11,620	2,718	12	1,062	98
	指定短期入所療養介護事業所	1,121	480	1	162	8
	指定特定施設入居者生活介護事業所	5,279	1,214	9	586	97
	指定福祉用具貸与事業所	7,811	1,160	-	590	27
	指定特定福祉用具販売事業所	7,777	1,113	-	509	15
介護保険施設サービス	指定介護老人福祉施設	8,110	2,686	13	1,384	240
	介護老人保健施設	4,282	1,306	9	725	137
	指定介護療養型医療施設	886	121	1	63	12
	介護医療院	212	91	-	53	12
指定介護予防サービス	指定介護予防訪問介護事業所	93	-	-	-	-
	指定介護予防訪問入浴介護事業所	1,683	276	-	78	4
	指定介護予防訪問看護事業所	11,766	1,789	5	826	163
	指定介護予防訪問リハビリテーション事業所	1,536	216	-	93	13
	指定介護予防居宅療養管理指導事業所	4,696	42	-	14	2
	指定介護予防通所介護事業所	149	1	-	-	6
	指定介護予防通所リハビリテーション事業所	1,883	399	1	154	25
	指定介護予防短期入所生活介護事業所	11,134	2,331	6	892	57
	指定介護予防短期入所療養介護事業所	1,109	472	1	142	5
	指定介護予防特定施設入居者生活介護事業所	4,874	1,041	4	440	51
	指定介護予防福祉用具貸与事業所	7,748	1,086	-	515	14
	指定特定介護予防福祉用具販売事業所	7,792	1,062	1	459	9
	指定居宅介護支援事業所	45,157	7,907	58	3,753	1,366
	指定介護予防支援事業所	5,000	543	4	171	7
指定地域密着型サービス	定期巡回・随時対応型訪問介護看護事業所	1,113	197	4	101	13
	指定夜間対応型訪問介護事業所	235	36	-	10	2
	指定認知症対応型通所介護事業所	4,228	683	2	323	52
	指定小規模多機能型居宅介護事業所	5,698	1,185	16	648	139
	指定認知症対応型共同生活介護事業所	14,160	2,854	26	1,457	196
	指定地域密着型特定施設入居者生活介護事業所	366	71	1	40	3
	指定地域密着型介護老人福祉施設入所者生活介護事業所	2,381	620	6	308	45
	看護小規模多機能型居宅介護事業所	605	130	-	77	28
	指定地域密着型通所介護事業所	20,900	3,640	48	2,197	435
指定地域密着型介護予防サービス	指定介護予防認知症対応型通所介護事業所	3,930	609	2	249	22
	指定介護予防小規模多機能型居宅介護事業所	5,053	904	4	466	100
	指定介護予防認知症対応型共同生活介護事業所	13,279	2,384	12	1,147	124
合計		305,839	55,014	324	26,657	5,007

注：介護保険法第71条及び第72条によるみなし指定を受けた事業所は含まない。

(参考) 指導の実施率

介護サービスの種類	所管事業所数(A)	実施事業所数(B)	実施率(%)(B)/(A)
指定居宅サービス（予防含む）	170,249	29,047	17.1
介護保険施設サービス	13,490	4,204	31.2
指定居宅介護支援事業所及び指定介護予防支援事業所	50,157	8,450	16.8
指定地域密着型サービス（予防含む）	71,943	13,313	18.5
合計	305,839	55,014	18.0

市町村等は事前に介護事業所の
詳細情報を収集している

　これまで、1事業所につき5〜6時間をかけていた実地指導を3時間程度に短縮する目的は何か？　単に実施件数を増やし、実施率を上げるためだけではないでしょう。

　考えられるのは、指導監査部署の事業者情報の収集能力の向上や、国保連（都道府県国民健康保険団体連合会）から提供される様々なデータ解析後の情報の信頼性が高まっているからではないかと考えられます。

国保連データから情報を収集

　ほぼ毎年、東京都国民健康保険団体連合会では、「**東京都における介護サービスの苦情相談白書を**」公表しています。白書としてまとめられる過程では利用者や家族などから様々な相談や苦情を受け付ける際に、介護事業者や施設の情報も詳細に収集しているはずです。

　「苦情相談白書の発行について」の部分を見ると、情報収集力及びその情報を分析していることがわかります。「2調査対象」には、（2）事業者のサービスに関する利用者等からの苦情、とあります。国保連に寄せられる苦情や相談とともに、区市町村、東京都、国に対する苦情等についても毎月取りまとめを行っていると明記されています。

　実地指導前に様々な事業所の情報が集められていると仮定すれば、**確認すべき事項や文書が標準化されて少なくなっても、十分に実地指導が成り立つ**と考えられます。実地指導を受ける側が想像する以上の情報を収集し分析しているということは、**直前に行っている実地指導対策が期待するほどの効果がない**と言わざるを得ないでしょう。

東京都における介護サービスの苦情相談白書（令和2年版）

発行：東京都国民健康保険団体連合会

「苦情相談白書の発行について」の部分

苦情相談白書の発行について

1	発行の目的	東京都国民健康保険団体連合会は、介護保険制度における苦情対応関係機関である区市町村、東京都、東京都国民健康保険団体連合会に寄せられた苦情等について、「介護保険に関する苦情等の状況調査」（以下「状況調査」という。）を実施し、毎月取りまとめを行っている。 　「苦情相談白書」は、この取りまとめ結果を、更に集約・分析し、介護サービスに関する問題点の把握・共有化を通して、介護サービスの質の向上と介護サービス従事者の資質の向上を図ることを目的として発行する。
2	調査対象	状況調査の対象は、介護保険に関し各機関が受け付けた次の苦情等の情報とし、単なる「問合せ」や苦情的要素を含まない「相談」等は除いている。 　(1)　制度及び行政（国、都、区市町村）に対する苦情、不服 　(2)　事業者のサービスに関する利用者等からの苦情 　(3)　その他、制度上の運営に関する苦情や不満、批判的意見等
3	状況調査の調査期間	令和元年度は、平成31年4月1日受付分から令和2年3月31日受付分までである。なお、比較掲上している平成29年度、平成30年度についても4月1日から翌年3月31日受付分である。
4	調査方法	(1)　状況調査は、統計情報と事例情報に分けて実施した。 (2)　統計情報及び事例情報は、状況調査の調査項目として設定した区分により、「①要介護認定、②保険料　③ケアプラン、④サービス供給量、⑤介護報酬、⑥その他制度上の問題、⑦行政の対応、⑧サービス提供、保険給付、⑨その他」の9項目の分類ごとに集計・分析を行った。 　また、「⑧サービス提供、保険給付」については、サービスの質に直接関わる事項なので、48のサービス種類ごとに、その苦情内容を更に8項目に分類した。 (3)　事例情報は、「主な苦情事例」として分類項目ごとに、毎月の状況調査の事例情報から抽出した。また、東京都国民健康保険団体連合会に寄せられた苦情については、その対応が十分に把握できるよう、特定の様式により作成した。 (4)　統計情報は、毎月提出された状況調査を取りまとめ集約した結果を、Ⅷ資料等に以下のとおり掲載した。 　・介護保険に関する苦情等の状況調査結果（統計情報） 　　平成31年4月～令和2年3月（累計）…………様式4 　・苦情分類項目別対応状況 　　平成31年4月～令和2年3月（累計）…………様式5 　・サービス種類別苦情内容 　　平成31年4月～令和2年3月（累計）…………様式6

出典：東京都国民健康保険団体連合会

確認文書が減っても
実地指導は楽にはならない

　実地指導では以前に比べ、確認すべき項目、確認すべき文書がかなり減りました。用意する帳票類や記録類も少なくて済むし、実地指導の時間も短くなって、事業所関係者の負担が軽減されることは確かです。

確認項目が標準化された分重点的に確認される

　しかし、標準化された確認項目に沿って、標準確認文書を1つひとつ提示してその有無を確認するだけではありません。これまで以上に文書（計画書や記録など）の内容を重点的に確認するのは当然です。

　例えば、「資質向上のために研修の機会を確保しているか」という確認項目は、研修を実施していればよいわけではありません。研修計画は、事業所全体の従業者を対象とした**年間に行う予定の研修を計画書にまとめたもの**です。訪問介護事業所が特定事業所加算を取得している場合には、さらに**従業者個別の研修計画を作成する必要**があります。

　個別研修計画に記載する内容は、研修の目標、内容、研修期間、実施時期です。実地指導では、これらを丁寧に確認するものと思われます。

　次ページの**年間個別研修計画書**をご覧ください。

　従業者個々人に作成された年間個別研修計画書の記載内容を確認する可能性が極めて高いでしょう。この計画書には、実施状況の欄があり、研修実施記録を兼ねていますのでこれで十分ですが、計画書と実施記録等を別にしてもよいでしょう。

後から辻褄を合わせて計画や記録を作るのは大変

　実地指導直前に実地指導対策として、後付けで研修計画書や実施記録を

作成することは相当の労力を伴います。もちろん、研修は実施済みとして
も、後でまとめて書類を作成すれば記憶違いなどで間違いが生じやすくな
ります。何よりも時間の無駄になります。

　また、計画書や実施記録書等は、外部の第三者にもわかるように書かれ
ていなければなりません。記録書と言えないようなメモ書き程度のもので
は認められないこともあるでしょう。これらに限らず、文書の書き方も再
確認し、事業所として統一されたものになるよう改善が必要です。

年間個別研修計画書の例

年間個別研修計画書

管理者承認印	審査印	作成者	作成年月日
			年　月　日

氏　　　名	取得資格	経験年数	研修グループ番号

研修目標

	実地時期	年　　月	研修テーマ	
1			研修内容	
	実施期間	月　　日から 月　　日まで	実施状況	
			達成度評価	
	実地時期	年　　月	研修テーマ	
2			研修内容	
	実施期間	月　　日から 月　　日まで	実施状況	
			達成度評価	
年度の総括等				

出典：川崎市ホームページの例を基に作成

確認するポイントは
内容的により深まる

　苦情処理を例に考えてみます。訪問介護の標準確認項目と標準確認文書
の最後から２つ目の項目は「苦情処理」です（72ページ参照）。

記録の目的は何なのかを考えてみる

　苦情処理はすべてのサービスにあります。しかし、これまでの実地指導
では管理者が誇らしげに「うちの事業所では、苦情は１件もありません。」
と言って、それ以上確認されずに済まされていた事例もあります。しかし
今後は、そういうわけにはいかないかも知れません。

　介護保険制度では、要介護高齢者は社会的弱者であるとして、その権利
と尊厳を守る機能が働くように設計されています。苦情処理もその１つで
す。実際には苦情を受けていながら、「利用者とよくお話ししたらご納得い
ただけたので、記録に残すほどのものではないと思い、苦情として認識し
ていませんでした。」という管理者がいます。苦情が全くない事業所がよい
事業所だと思い込んでいる管理者は、苦情に対する認識を改めた方がよい
と思います。

●苦情を受け付けた後にどうしているか？

　では、苦情の件数が多いことが実地指導で大きな問題になるのでしょう
か。もちろん、異常に多ければそれも問題ですが、実地指導で確認しよう
としているのは、**一度苦情を受け付けた時にその後の対応が適切であるか、
迅速に対応できているか**、などを重視しているのです。

　それは、記録で確認するしかありませんから、**利用者や家族からの苦情
や相談に対して、丁寧に対応し、速やかに解決している状況が確認できる
ような記録の書き方**が必要になります。

念のため、指定居宅サービス等の事業の人員、設備及び運営に関する基準の苦情処理（第36条）の内容を確認しておきましょう。

第１項は苦情対応の窓口の設置です。重要事項説明書には、必ず苦情対応窓口の電話番号、担当者の役職名や氏名を記載しておきます。

第２項は、苦情を受け付けた場合にはその内容を記録しておかなければならないと、あります。**苦情なのか、相談や問い合わせなのか、はっきりしない場合でも、記録に残しておくことをお勧めします。**

指定居宅サービス等の事業の人員、設備及び運営に関する基準の苦情処理（第36条）

（苦情処理）

第三十六条　指定訪問介護事業者は、提供した指定訪問介護に係る利用者及びその家族からの苦情に迅速かつ適切に対応するために、苦情を受け付けるための窓口を設置する等の必要な措置を講じなければならない。

2　指定訪問介護事業者は、前項の苦情を受け付けた場合には、当該苦情の内容等を記録しなければならない。

3　指定訪問介護事業者は、提供した指定訪問介護に関し、法第二十三条の規定により市町村が行う文書その他の物件の提出若しくは提示の求め又は当該市町村の職員からの質問若しくは照会に応じ、及び利用者からの苦情に関して市町村が行う調査に協力するとともに、市町村から指導又は助言を受けた場合においては、当該指導又は助言に従って必要な改善を行わなければならない。

4　指定訪問介護事業者は、市町村からの求めがあった場合には、前項の改善の内容を市町村に報告しなければならない。

5　指定訪問介護事業者は、提供した指定訪問介護に係る利用者からの苦情に関して国民健康保険団体連合会（国民健康保険法（昭和三十三年法律第百九十二号）第四十五条第五項に規定する国民健康保険団体連合会をいう。以下同じ。）が行う法第百七十六条第一項第三号の調査に協力するとともに、国民健康保険団体連合会から同号の指導又は助言を受けた場合においては、当該指導又は助言に従って必要な改善を行わなければならない。

6　指定訪問介護事業者は、国民健康保険団体連合会からの求めがあった場合には、前項の改善の内容を国民健康保険団体連合会に報告しなければならない。

実地指導マニュアルも
改訂が予定されている

実地指導マニュアルの改訂の動向に注意

　厚労省より令和元年5月29日付、老指発0529第1号として、各都道府県、指定都市、中核市宛てに発出された「介護保険施設等に対する実地指導の標準化・効率化等の運用指針について」（8ページ参照）では、最後の6行で「**介護保険施設等実地指導マニュアル（平成22年3月改訂版）**」（以下、「実地指導マニュアル」という）について触れています。

　要約すると、今回の「実地指導の標準化・効率化等の運用指針」に合わせて、この古いマニュアルを見直して改訂する予定があると伝えています。その前に「本指針に基づく実地指導の実施状況及び課題等を、一定期間経過後アンケート調査等により把握し、それを踏まえて改善を図る……」と記しています。

　この通知の内容から、実地指導は当面、「実地指導の標準化・効率化等の運用指針」に基づいて実施されるものの数年後には見直し、改善して実地指導マニュアルが改訂される予定であることがわかります。

詳細なチェックにも耐えられる普段の体制づくり

　現在のマニュアルを見る限り、改訂後はより具体的な指導の手法をルール化することも予想されます。標準確認項目や標準確認文書が絞り込まれ、実地指導に要する時間が短くなったとしても、より詳細に運営状況をチェックするのではないかと考えられます。

　そうなってくると、もはや一夜漬け的な「実地指導対策」では対応しきれなくなるでしょう。

従来の実地指導直前対策が
通用しない理由

これまでの実地指導対策とは、どういうものだったのか、某介護事業所
の例をご紹介します。

通知が来てから慌てて現状把握と準備へ

5年ほど前に筆者の携帯電話に、某介護事業所の経営者兼管理者Tさん
から、「昨日、実地指導の通知があり、1か月後に実施されることになりま
した。何をどう準備してよいかわからないので指導してください。」という
旨の依頼がありました

数日後、某介護事業所に出向いて管理者Tさんと面談し、訪問介護事業
の運営状況を詳細に確認しました。話を聞いていて、気がかりな点がいく
つかありました。

1つは、毎月事務員が作成している介護報酬の請求書類を、管理者であ
るTさんが最終的に確認していないことでした。「事務員を信頼して、すべ
て任せています。」という説明を聞いて唖然とした筆者は、すぐさま「過去
1年分の介護報酬請求書類の確認をしたところ、何件か不備を疑う請求書
が見つかり、サービス提供記録書と突き合わせることにしました。

ところが、ここで2つ目の問題を発見しました。

サービス提供記録書に、そのサービスを担当したヘルパー(訪問介護員)
の氏名を記入する欄があり、その横にサービス提供責任者が記録書を確認
したことを示す確認印の欄がありますが、ここに押印漏れが複数ありまし
た。

筆者が訪問した翌日から、利用者70名分のサービス提供記録書と訪問介
護計画書を突き合わせ、個々の利用者の介護報酬請求明細書とヘルパー(訪

問介護員）の出勤簿（タイムカードなど）をすべて突き合わせる作業が始まりました。

　実地指導対策というよりは、**本来日常的に行っていなければならない業務ができていなかったことによる実地指導直前の追い込み業務**になったわけです。

運営基準通りの運営ができていれば直前対策はいらない

　数年前には某通所介護事業所の管理者から同様の依頼の連絡がありましたが、筆者は「私は実地指導対策のお手伝いのようなことはやっていませんので、お断りいたします。」と申し上げました。その理由は、管理者自身が通所介護事業の運営基準を理解していないことがわかったからです。

　運営基準を十分に理解していない管理者が実地指導の実施通知を受け取ると、必ず実地指導対策が必要だと考えるようです。同じように介護報酬の加算を取得していながら、加算の要件を十分に理解していなかったりする場合は、直前になって不安になり調べ始めたりします。その結果、実地指導を受けるには、そのための対策が必要だと思い込んで慌ただしく動き出すようです。

　しかし、今回の「標準化・効率化方針」により、今後は**日々の業務が運営基準に沿って運営されているか否かも確認され、できていなければ指導を受け、改善を求められるという本来の実地指導に変わっていくと考えら**れます。

　これまで以上に運営基準の理解を深め、事業所全体で共有する仕組みが必要になります。

第4章

訪問介護の
標準確認項目と
標準確認文書

01 各サービスの標準確認項目と標準確認文書
を理解する

訪問介護の標準確認項目と
標準確認文書をチェックする

　筆者は、介護事業所の方々に対して実地指導に関するお話をする時に、「実地指導対策」という言葉を使わないようにしています。

その場限りの間に合わせ直前対策では先が見えない

　その理由は、「対策」という考え方には一過性の活動、行為を助長する傾向があるからです。**実地指導直前にあわてて「実地指導対策」を行っても、事業所運営やサービス提供そのものの改善にはつながらない事例**を、筆者は数多く見てきました。

　具体的に言えば、実地指導の通知を受け取った日から実地指導前日までの間、管理者は「実地指導をどうやり過ごすか、何事もなくやり過ごしたい」という思いで奔走します。管理者の多くは、市町村等の実地指導担当者が事業所の運営状況を調べたり確認したりして、運営基準に沿って運営されていない点があれば指摘し、具体的に指導するのだという理解が十分ではありません。

　理解が不十分なために管理者は実地指導に対して、事業所運営、サービス提供の管理状態などをできる限りよく見せたいという心理が働きます。その結果、「対策」という考え方に陥ってしまい、「実地指導対策」はやらなければならない管理者の仕事であるとさえ思ってしまいます。

　「実地指導対策」という一時凌ぎの活動は、往々にして管理者の個人的な自己満足になっている場合もあります。その原因の多くは、**運営基準を十分に理解していないことにあります。**

　以下、訪問介護から、いくつかのサービスを見ていきましょう。

	標準確認項目		標準確認文書	頁
人員	訪問介護員等の員数 （第5条）	・利用者に対し、職員数は適切であるか ・必要な資格は有しているか	・勤務実績表／タイムカード ・勤務体制一覧表 ・従業員の資格証	73
	管理者 （第6条）	・管理者は常勤専従か、他の職務を兼務している場合、兼務体制は適切か	・管理者の雇用形態が分かる文書 ・管理者の勤務実績表／タイムカード	78
運営	内容及び手続の説明及び同意 （第8条）	・利用者又はその家族への説明と同意の手続きを取っているか ・重要事項説明書の内容に不備等はないか	・重要事項説明書 ・利用契約書（利用者又は家族の署名、捺印）	81
	受給資格等の確認 （第11条）	・被保険者資格、要介護認定の有無、要介護認定の有効期限を確認しているか	・介護保険番号、有効期限等を確認している記録等	83
	心身の状況等の把握 （第13条）	・サービス担当者会議等に参加し、利用者の心身の状況把握に努めているか	・サービス担当者会議の記録	85
	居宅介護支援事業者等との連携 （第14条）	・サービス担当者会議を通じて介護支援専門員や他サービスと連携しているか	・サービス担当者会議の記録	86
	居宅サービス計画に沿ったサービスの提供 （第16条）	・居宅サービス計画に沿ったサービスが提供されているか	・居宅サービス計画	88
	サービス提供の記録 （第19条）	・訪問介護計画にある目標を達成するための具体的なサービスの内容が記載されているか ・日々のサービスについて、具体的な内容や利用者の心身の状況等を記しているか	・サービス提供記録	88
	利用料等の受領 （第20条）	・利用者からの費用徴収は適切に行われているか ・領収書を発行しているか ・医療費控除の記載は適切か	・請求書 ・領収書	90
	訪問介護計画の作成 （第24条）	・居宅サービス計画に基づいて訪問介護計画が立てられているか ・利用者の心身の状況、希望および環境を踏まえて訪問介護計画が立てられているか ・サービスの具体的内容、時間、日程等が明らかになっているか ・利用者又はその家族への説明・同意・交付は行われているか ・目標の達成状況は記録されているか ・達成状況に基づき、新たな訪問介護計画が立てられているか	・居宅サービス計画 ・訪問介護計画（利用者又は家族の署名、捺印） ・アセスメントシート ・モニタリングシート	92

運営	緊急時等の対応 （第27条）	・緊急時対応マニュアル等が整備されているか ・緊急事態が発生した場合、速やかに主治の医師に連絡しているか	・緊急時対応マニュアル ・サービス提供記録	95
	運営規程 （第29条）	・運営における以下の重要事項について定めているか 　1. 事業の目的及び運営の方針 　2. 従業者の職種、員数及び職務の内容 　3. 営業日及び営業時間 　4. 指定訪問介護の内容及び利用料その他の費用の額 　5. 通常の事業の実施地域 　6. 緊急時等における対応方法 　7. その他運営に関する重要事項	・運営規程 ・重要事項説明書	97
	勤務体制の確保等 （第30条）	・サービス提供は事業所の従業員によって行われているか ・資質向上のために研修の機会を確保しているか	・雇用の形態（常勤・非常勤）がわかる文書 ・研修計画、実施記録	100
	秘密保持等 （第33条）	・個人情報の利用に当たり、利用者及び家族から同意を得ているか ・退職者を含む、従業員が利用者の秘密を保持することを誓約しているか	・個人情報同意書 ・従業員の秘密保持誓約書	101
	広告 （第34条）	・広告は虚偽又は誇大となっていないか	・パンフレット／チラシ	101
	苦情処理 （第36条）	・苦情受付の窓口があるか ・苦情の受付、内容等を記録、保管しているか ・苦情の内容を踏まえたサービスの質の向上の取組を行っているか	・苦情の受付簿 ・苦情者への対応記録 ・苦情対応マニュアル	102
	事故発生時の対応 （第37条）	・事故が発生した場合の対応方法は定まっているか ・市町村、家族、介護支援専門員に報告しているか ・事故状況、対応経過が記録されているか ・損害賠償すべき事故が発生した場合に、速やかに賠償を行うための対策を講じているか ・再発防止のための取組を行っているか	・事故対応マニュアル ・市町村、家族、介護支援専門員への報告記録 ・再発防止策の検討の記録 ・ヒヤリハットの記録	105

注）（　）は指定居宅サービス等の事業の人員、設備及び運営に関する基準（平成11年厚生省令第37号）の該当条項

訪問介護「人員」の標準確認項目と標準確認文書

実地指導で確認することになる項目は、運営基準の項目を表示した17項目（人員2、運営15）です。標準確認項目が36（うち人員3、運営33）、標準確認文書が32（うち人員3、運営29）です（71ページ参照）。

1. 訪問介護員等の員数（第5条）

【標準確認項目】利用者に対し、職員数は適切であるか

利用者数に対して、訪問介護員数が適切であるかを確認します。訪問介護員の勤務日数や勤務時間などにより、必ずしも員数だけでは判断できませんので、実地指導担当者は「標準確認文書」の欄にある「**勤務実績表／タイムカード**」、「**勤務体制一覧表**」などを確認します。

「勤務実績表／タイムカード」により、ある訪問介護員がある日8時間勤務していることを確認します。その日の「勤務体制一覧表」と照合し、その訪問介護員がどの利用者にどのくらいの時間のサービスを提供しているかなどを確認するのではないかと考えられます。

また、ここで言う「勤務体制一覧表」とは、**従業者の勤務の体制及び勤務形態一覧表**のことです。これには個々の訪問介護員、サービス提供責任者等の常勤、非常勤の識別ができるように表記されています。

なお、令和2年9月30日付で厚生労働省老健局高齢支援課、認知症施策・地域介護推進課、老人保健課より都道府県・指定都市・中核市の介護保険担当（室）宛てに発出された『「従業者の勤務体制及び勤務形態一覧表」の参考様式の取扱いについて（その2）』（介護保険最新情報VOL.876）は、訪問介護員の員数に関係する重要な記述があり、26サービスの「**従業者の勤務の体制及び勤務形態一覧表**」を新しく参考様式として提示しています。

第4章 訪問介護の標準確認項目と標準確認文書

この文書の「第一」に、下記のように記されている点が非常に重要です。

> 1　指定・許可にあたっての人員配置基準を満たすことを一覧で確認できるものとする。
> 2　人員数の算出にあたり必要な数値（例：常勤職員の勤務すべき時間数、利用者数・入所者数等）が含まれた一覧とする。

　これまでの一覧表と違う点は、利用者数を記載するようになったことです。何よりも「一覧で確認できるものとする」とあるので、この参考様式を使用した方がよいということです。

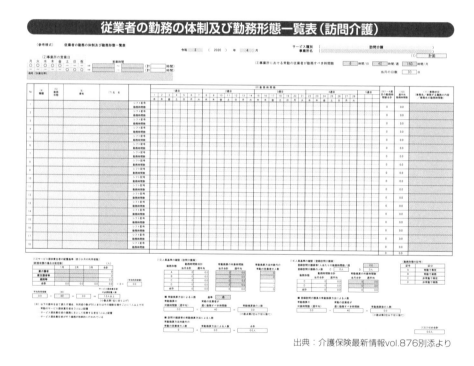

出典：介護保険最新情報vol.876別添より

　一覧表の左上に（参考様式）とあり、この一覧表は改訂されたものですから、前述した理由も踏まえて**できる限りこの一覧表を使用することを奨励しています。**

　一覧表の中に（　）付きの番号があります。左から、（1）計画、（2）

事業所の営業日、（3）事業所における常勤の従業者が勤務すべき時間数、（4）職種、（5）勤務形態、（6）資格、（7）氏名…とあり、表の左下に、（12）サービス提供責任者の配置基準（前3か月の利用者数）という欄があります。これまでの一覧表にはなかった項目が多数増えたことがわかります。

　実地指導担当者は、一覧表に記入されている数値を確認し、**利用者に対し、職員数は適切であるか**を判断するものと考えられます。

　利用者数については、直近の「**介護給付費請求書**」の控え等を確認し、把握することもあるでしょう。保険請求の欄の区分にある「居宅・施設サービス…」の左横の欄が「**件数**」となっています。この欄の数字がその月の利用者数となりますので、実地指導担当者はここでも現状の利用者数を把握します。

　例えば、100人の利用者に対して、サービス提供責任者が3名以上、訪問介護員が30人から40人程度所属しているような場合は、常勤換算人数が極端に少なくない限り問題はないと言えます。

介護給付費請求書

出典：厚生労働省資料

また、サービス付き高齢者向け住宅等に居住する利用者のみを対象に訪問介護を提供している事業所は、そのほとんどがサ高住等に併設しているか隣接していることが多く、一般的な訪問介護事業所の運営状況とは大きく異なります。

　入居者数が40名で、全入居者がサービスを利用しているのであれば、サービス提供責任者1名、訪問介護員が10名程度でも十分に対応可能でしょう。それは訪問介護員が施設職員のような勤務形態となり、一般的な訪問介護事業所のように利用者宅から利用者宅への移動時間がない分、より多くの入居利用者を担当しサービス提供ができるからです。

　サ高住等の併設にかかわらず、管理者とサービス提供責任者は、実地指導担当者が重視する「一覧表」の作成、記入方法を理解しておかなければなりません。

●職員の勤務形態の欄に注意

　比較的間違いが多いのは、**（5）勤務形態**の欄です。「A常勤で専従」に該当する人はほとんどいません。訪問介護だけを専門に提供している場合のみ「専従」ですが、訪問介護と訪問型サービス等の提供に関わっている人は「常勤で兼務」や「非常勤で兼務」となります。

　さらに、「常勤」と「非常勤」の違いが理解されていない事例も多いので注意しましょう。雇用形態とは関係なく、パートや契約社員などであっても、1日8時間、週5日勤務している場合には、この一覧表においては常勤の扱いとなります。

　原則として、管理者は「**一覧表**」を毎月必ず作成しなければならず、それは訪問介護員数と常勤換算後の人数を把握して利用者へのサービス提供に支障がないことを確認するためです。保険者によっては、この「一覧表」を次月の予定として月末に作成し、当月に変更があった場合には修正した一覧表を再度作成するよう指導しています。

　作成の際に注意すべきは、**作成年月日と作成者名を必ず明記すること**です。管理者以外の事務職員等が作成する場合には、作成者名はその事務職員の氏名を明記し、管理者は「一覧表」を確認して、確認日を記載し確認

印を押印します。実地指導担当者がこのような一覧表を目にすれば、その事業所の運営管理状況が良好だと見るでしょう。

【標準確認項目】必要な資格を有しているか

標準確認文書は「**従業員の資格証**」です。ほとんどの訪問介護事業所では、訪問介護員やサービス提供責任者が持つ資格について、個々の資格取得証明証（書）や研修等の修了証などの複写（コピー）を保管しています。しかし、残念なことに**個々の従業者が取得している資格を、いつ、誰が確認したのかわからない事例が多く**見られます。

訪問介護員やサービス提供責任者の採用時には、管理者が必ず資格取得証明証（書）や研修の修了証の現物（原本）を確認しなければなりません。その上でコピーを取って複写物を保管します。

実務者研修修了証明書

```
                                            第  F41      号

                実務者研修修了証明書

    フリガナ：
    氏　　　名：
    生 年 月 日：昭和 ，年 月 日


        上記の者は、当法人が厚生労働大臣の指定を受けて行う社会福祉士
    及び介護福祉士法（昭和62年法律第30号）に基づく実務者研修を
    平成　年 月　日に修了したことを証明します。



        平成　年 月 日


            所 在 地　　東京都新宿区西新宿1－23－7
                        新宿ファーストウエスト7F
            名　　　称　　三幸福祉カレッジ

            代 表 者 名　　株式会社 日本教育クリエイト

                        代表取締役　鳥居　敏


                            実務者研修コード　A

    実務者研修修了証明書原本
    確認の上、複写
```

出典：著者関係者提供

077

前ページの図を見ると、実務者研修修了証明書の写しの下の方に確認した年月日と確認した管理者の印があります。これで十分に管理されている状態と言えます。

　訪問介護員等が新たな資格を取得した場合にも同じように取り扱います。本人には、決してコピーではなく研修の修了証や資格取得証明証の原本を持参してもらい、管理者がそれを直接確認することが求められます。その上で管理者がそれをコピーし、複写物を保管するというのが、基本的な管理方法です。

2. 管理者（第6条）

【標準確認項目】管理者は常勤専従か、他の職務を兼務している場合、兼務体制は適切か

　標準確認文書の欄には2点あり、「**管理者の雇用形態が分かる文書**」と「**管理者の勤務実績表／タイムカード**」です。最近は訪問介護事業所の管理者が、併設するサービス付き高齢者向け住宅等の施設管理も行う場合があり、兼務の状況については詳しく確認される傾向があります。

●雇用形態が分かる文書

　これには**労働条件通知書**や**労働契約書（雇用契約書）**などが考えられます。労働条件通知書には、被雇用者である管理者の職務ができる限り詳しく記載されていることが望ましく、職務内容や職位が変更される場合には新たに労働契約書を交わすか、職務や役職を記載した辞令を発令したり、確認書や覚書等で双方が確認したりした記録を残しておきます。

　実地指導担当者は、労働条件通知書や労働契約書などで**管理者が常勤かどうか**や**専従かどうか**を確認できます。他の業務を兼務している場合には、兼務している職務が具体的にわかるようにしておきましょう。

　次ページは、一般的な労働条件通知書です。「就業の場所」「従事すべき業務の内容」の記載内容により、管理者が常勤か、専従かどうかが確認できます。ある保険者の実地指導関連部署担当者は必ずこの部分を確認するそうです。

労働条件通知書

（一般労働者用；常用、有期雇用型）

労働条件通知書

年　　月　　日

　　　　　　　　殿

事業場名称・所在地
使用者職氏名

契約期間	期間の定めなし、期間の定めあり（　年　月　日～　年　月　日） ※以下は、「契約期間」について「期間の定めあり」とした場合に記入 1　契約の更新の有無 ［自動的に更新する・更新する場合があり得る・契約の更新はしない・その他（　　　）］ 2　契約の更新は次により判断する。 ・契約期間満了時の業務量　　・勤務成績、態度　　　・能力 ・会社の経営状況　・従事している業務の進捗状況 ・その他（　　　　　　　　　　　　　　　　　　　　　） 【有期雇用特別措置法による特例の対象者の場合】 無期転換申込権が発生しない期間：Ⅰ（高度専門）・Ⅱ（定年後の高齢者） Ⅰ　特定有期業務の開始から完了までの期間（　年　　か月（上限10年）） Ⅱ　定年後引き続いて雇用されている期間
就業の場所	
従事すべき 業務の内容	【有期雇用特別措置法による特例の対象者（高度専門）の場合】 ・特定有期業務（　　　　　　　開始日：　　　　完了日：　　　）
始業、終業の 時刻、休憩時 間、就業時転 換（(1)～(5) のうち該当す るもの一つに ○を付けるこ と。）、所定時 間外労働の有 無に関する事 項	1　始業・終業の時刻等 (1)　始業（　時　分）　終業（　時　分） 【以下のような制度が労働者に適用される場合】 (2)　変形労働時間制等；（　）単位の変形労働時間制・交替制として、次の勤務時間の 　組み合わせによる。 ├─始業（　時　分）　終業（　時　分）（適用日　　　） ├─始業（　時　分）　終業（　時　分）（適用日　　　） └─始業（　時　分）　終業（　時　分）（適用日　　　） (3)　フレックスタイム制；始業及び終業の時刻は労働者の決定に委ねる。 　　　　　　（ただし、フレキシブルタイム（始業）　時　分から　時　分、 　　　　　　　　　　　　　　　　　（終業）　時　分から　時　分、 　　　　　　　　　コアタイム　　　　　　時　分から　時　分） (4)　事業場外みなし労働時間制；始業（　時　分）終業（　時　分） (5)　裁量労働制；始業（　時　分）終業（　時　分）を基本とし、労働者の決定に委ね る。 ○詳細は、就業規則第　条～第　条、第　条～第　条、第　条～第　条 2　休憩時間（　　）分 3　所定時間外労働の有無（　有　，　無　）
休　　　日	・定例日；毎週　　曜日、国民の祝日、その他（　　　　　　） ・非定例日；週・月当たり　　日、その他（　　　　　　） ・1年単位の変形労働時間制の場合―年間　　　日 ○詳細は、就業規則第　条～第　条、第　条～第　条
休　　暇	1　年次有給休暇　6か月継続勤務した場合→　　　　日 継続勤務6か月以内の年次有給休暇（有・無） →　か月経過で　　　日 時間単位年休（有・無） 2　代替休暇（有・無） 3　その他の休暇　有給（　　　　） 無給（　　　　） ○詳細は、就業規則第　条～第　条、第　条～第　条

（次頁に続く）

出典：厚生労働省資料

今一度、労働条件通知書の内容について必要に応じて見直し、現況と相違がある場合には修正しておきましょう。

●管理者の勤務実績表／タイムカード

タイムカードで勤怠管理が行われている場合には、指定された月のタイムカードを提示することになります。

タイムカードは基本的に打刻された時刻によって、勤務実績を確定しています。直行直帰が多い訪問介護事業の場合には、始業、終業の時刻を後で手書きすることもありますが、**事務職員等が手書きされた時刻を確認し、手書きした時刻の横に確認印を押印しておくと**、十分に勤怠管理が行われている様子がわかります。

事業所運営の管理状況が、外部から見てもわかりやすい状態にしておく
には、少々手間になる面倒な作業でも必要です。事業所全体で、そうした
理解を深めておきましょう。

　管理者に限らずサービス提供責任者や訪問介護員にも、運営基準第6条
を読む機会を設け、管理者業務に対する理解を促しましょう。

（管理者）
第六条　指定訪問介護事業者は、指定訪問介護事業所ごとに専らその職務に従事する常
　勤の管理者を置かなければならない。ただし、指定訪問介護事業所の管理上支障がな
　い場合は、当該指定訪問介護事業所の他の職務に従事し、又は同一敷地内にある他の
　事業所、施設等の職務に従事することができるものとする。

訪問介護「運営」の標準確認項目と標準確認文書①

　「運営」に関する標準確認項目、標準確認文書は、以前の実地指導で確認されていた帳票類、記録類などの文書の数よりも減少しましたが、指導で確認するポイント（確認項目）が少し変わった点もあります。

　対象となる条文は、全部で15項目、標準確認項目は33、標準確認文書は29（重複を含む）となります（71〜72ページ参照）。

1. 内容及び手続の説明及び同意（第8条）

　標準確認項目の左欄に、「内容及び手続の説明及び同意（第8条）」とあります。ここにあえて「第8条」と記載しているのはなぜでしょうか。

　おそらく、運営基準を十分に理解している管理者が少ないだろうということから、標準確認項目に該当する条文だけでも確認しておくように意図したのではと考えられます。だとすれば、管理者はこれまで以上に日ごろから運営基準を読んで理解することを習慣化した方がよいでしょう。そうすることで、実地指導直前に「対策」と称した無駄な時間を費やす必要がなくなります。

【標準確認項目】利用者またはその家族への説明と同意の手続きを取っているか

　標準確認文書として、「**重要事項説明書**」を確認します。従来の実地指導でも提示を求められ確認されていますが、実地指導担当者の見るポイントが変わる可能性があります。日付や署名捺印を見るだけでなく、**説明と同意の手続きの成否を確認し判断する**のではないかと考えられます。説明にはどのくらい時間がかかったか、利用者や家族から何か質問や不明な点を聞かれていないか、そうしたやり取りを記録に残しておくと万一の時に安

心です。

　標準確認文書の欄には、「**重要事項説明書**」と「**利用契約書（利用者又は家族の署名、捺印）**」とあります。この２点を確認する際に、両者の整合性を精査する可能性があります。事業所によっては、インターネットで簡単に重要事項説明書や利用契約書のひな形やサンプル（見本）を取り込んで、自事業所の文書を作成している例がありますが、今一度、内容を見直しておきましょう。

【標準確認項目】重要事項説明書の内容に不備等はないか

　これまでは重要事項説明書の内容について、踏み込んだ確認をしてこなかった実地指導担当者も多かったのではないでしょうか。これからは利用契約書より重要事項説明書の内容の方が重要だという認識が標準化されると考えられますので、その内容を十分に見直しておきましょう。

　見直しの前に該当する運営基準の内容をよく理解しておく必要があります。第８条は非常に長文のため、第１項のみ掲載しますが、必ず全文を確認してください。

（内容及び手続の説明及び同意）
第八条　指定訪問介護事業者は、指定訪問介護の提供の開始に際し、あらかじめ、利用申込者又はその家族に対し、第二十九条に規定する運営規程の概要、訪問介護員等の勤務の体制その他の利用申込者のサービスの選択に資すると認められる重要事項を記した文書を交付して説明を行い、当該提供の開始について利用申込者の同意を得なければならない。

（第２項以下省略）

　運営基準の第８条（内容及び手続の説明及び同意）を見ながら、見直しのポイントをまとめましょう。

●第29条に規定する運営規程の概要

　運営基準の第29条には次の７項目が記載されています。

　①事業の目的及び運営の方針

　②従業者の職種、員数及び職務の内容

　③営業日及び営業時間

　④指定訪問介護の内容及び利用料その他の費用の額

⑤通常の事業の実施地域

⑥緊急時等における対応方法

⑦その他運営に関する重要事項

●訪問介護員等の勤務の体制

訪問介護員だけでなく、管理者、サービス提供責任者の職務内容や常勤者数、非常勤者数などを記載しましょう。

●その他の利用申込者のサービスの選択に資すると認められる重要事項

重要事項説明書の内容については、利用者や家族が理解しやすくする工夫も必要になります。例えば、わかりやすい平易な文言に書き換えたり、項目ごとにその内容の解説文を追記したりすることで、理解しやすくなります。

さらに筆者がお勧めしているのは、事業所や事業所を運営する会社のホームページに重要事項説明書と利用契約書を掲示し、訪問介護サービスの利用を検討している方々に事前に読んでもらえるようにすることです。前述のように重要事項説明書の項目ごとに解説があると、読む人の理解が深まり、契約締結前の重要事項の説明がしやすくなります。

2. 受給資格等の確認（第11条）

第11条では標準確認項目が１つだけですが、これは非常に重要な項目ですので、運営基準の記載内容を見ておきましょう。

（受給資格等の確認）

第十一条　指定訪問介護事業者は、指定訪問介護の提供を求められた場合は、その者の提示する被保険者証によって、被保険者資格、要介護認定の有無及び要介護認定の有効期間を確かめるものとする。

2　指定訪問介護事業者は、前項の被保険者証に、法第七十三条第二項に規定する認定審査会意見が記載されているときは、当該認定審査会意見に配慮して、指定訪問介護を提供するように努めなければならない。

第１項では、被保険者証により①被保険者資格、②要介護認定の有無、③要介護認定の有効期間の３点を必ず確認するよう求めています。重要なの

は「その者の提示する被保険者証によって、」という点です。管理者やサービス提供責任者が、利用者が持っている被保険者証を直接確認するよう求めています。

第2項も極めて重要です。被保険者証に認定審査会意見が記載されている場合には、これに配慮して訪問介護サービスの提供に努めなければなりません。認定審査会意見がある場合には、介護支援専門員から事前にその件について説明がありますが、その記載内容を必ず確認しましょう。

【標準確認項目】被保険者資格、要介護認定の有無、要介護認定の有効期限を確認しているか

標準確認文書は「**介護保険番号、有効期限等を確認している記録等**」を確認することになります。

利用者が被保険者であることを確認している記録とは、事業所が被保険者証の写しを保管していることは言うまでもありませんが、アセスメント記録（アセスメントシート）等に利用者の被保険者証の確認欄を設け、確認した年月日を記入できるようにしておきましょう。

受給者資格等の正しい確認方法とは、管理者やサービス提供責任者が利

被保険者証の写し

介護保険番号、有効期限 確認済

出典：著者関係者提供

用者から直接、被保険者証の提示を受け、この複写物（コピー）を保管することです。決して、担当の介護支援専門員等から複写物（コピー）を受け取ることがないように注意しましょう。

　被保険者証の写し（コピー）には、必ず確認した管理者等が押印し確認した日付を記載すれば、これで十分です。さらに、「介護保険番号、有効期限、確認済み」という一文が入っていれば、記録としても十分に管理していることがわかります。

3. 心身の状況等の把握（第13条）

　運営基準第13条の条文を確認しておきましょう。

【標準確認項目】サービス担当者会議等に参加し、利用者の心身の状況把握に努めているか

　運営基準の条文にも同じ内容が記載されています。

　実地指導担当者は、介護支援専門員が開催するサービス担当者会議に出席したことや利用者の心身の状況を把握していることを記録で確認します。

　一般的には、介護支援専門員が会議後に「サービス担当者会議の要点」を作成し出席者に配布しますので、記録としてこれを確認することが多いようです。しかし、利用者の心身の状況についての記載がない場合も考えられます。訪問介護事業所としては、サービス担当者会議に出席した際に独自に議事録を作成し、利用者の心身の状況についても記載しておくとよいでしょう。

標準確認文書の欄には「**サービス担当者会議の記録**」とありますので、介護支援専門員が作成した「サービス担当書会議の要点」または、訪問介護事業所独自に作成した議事録を確認することになります。

4. 居宅介護支援事業者等との連携（第14条）

ケアプランに位置付けられた各種サービスの提供者である多職種との連携の状況を確認するものです

【標準確認項目】サービス担当者会議を通じて介護支援専門員や他サービスと連携しているか

標準確認文書の欄には「**サービス担当者会議の記録**」とあります。前の項目と同様に介護支援専門員が後日配布する「サービス担当者会議の要点」などにより、管理者またはサービス提供責任者の出席を確認し、「連携」と判断するのではないかと思われます。しかし、実地指導担当者が、記録内容を念入りに確認することも想定しておきましょう。念のために、運営基準の第14条を見てみましょう。

（居宅介護支援事業者等との連携）
第十四条 指定訪問介護事業者は、指定訪問介護を提供するに当たっては、居宅介護支援事業者その他保健医療サービス又は福祉サービスを提供する者との密接な連携に努めなければならない。
2 指定訪問介護事業者は、指定訪問介護の提供の終了に際しては、利用者又はその家族に対して適切な指導を行うとともに、当該利用者に係る居宅介護支援事業者に対する情報の提供及び保健医療サービス又は福祉サービスを提供する者との密接な連携に努めなければならない。

第１項の２行目に、居宅介護支援事業者やその他のサービス事業者との「**密接な連携**」という表現が気になります。サービス担当者会議の要点だけでは、単に会議に出席しているだけで密接な連携とは認められない可能性もあります。やはり独自の議事録があった方がよいでしょう。

仮に「密接な連携」の状況を確認するのであれば、これまでの記録の記載方法を見直し、いつ、どの事業者とどのように連携しているのか（連携

していたのか）を具体的に記録しておく必要があります。

サービス担当者会議の要点

| 第4表 | | | | サービス担当者会議の要点 | | 作成年月日 | 令和2年3月2日 |

利用者名＿＿＿＿＿＿＿＿＿＿＿様　　　　　居宅サービス計画作成者氏名（担当者）氏名 ＿＿＿＿＿＿＿＿＿＿＿

開催日 ＿＿＿ 年 ＿＿ 月 ＿＿ 日　時間＿＿＿＿＿＿～＿＿＿＿＿＿　　開催場所＿＿＿＿＿＿＿＿＿＿＿＿＿＿＿＿

会議出席者	所属（職種）	氏名	所属（職種）	氏名	所属（職種）	氏名
検討した項目						
検討内容						
結論						
残された課題 （次回の開催時期）						

出典：厚生労働省資料

訪問介護「運営」の標準確認項目と標準確認文書②

1. 居宅サービス計画に沿ったサービスの提供（第16条）

【標準確認項目】居宅サービス計画に沿ったサービスが提供されているか

　標準確認文書は「**居宅サービス計画**」です。数件のケアプランを確認すると考えられます。後述の「4.訪問介護計画の作成（第24条）」と関連し、訪問介護計画書との整合性などが実地指導の確認ポイントとなります。運営基準第16条を確認しておきましょう。

（居宅サービス計画に沿ったサービスの提供）
第十六条　指定訪問介護事業者は、居宅サービス計画（施行規則第六十四条第一号ハ及びニに規定する計画を含む。以下同じ。）が作成されている場合は、当該計画に沿った指定訪問介護を提供しなければならない。

　なお、日常業務で注意しなければならないことは、**ケアプランの作成日や「新規」または「継続」の識別が明確であること**です。ケアプラン作成日が、訪問介護の利用契約書の締結日より後になっていないか、ケアプラン第１表の右上にある「新規」、「継続」のどちらかにチェックがあるかどうか、注意して確認しましょう。

2. サービス提供の記録（第19条）

　標準確認文書は「**サービス提供記録**」です。これまで以上にサービス提供記録の記載内容を詳細に見る可能性が高いと考えられます。その理由は標準確認項目を読むとよくわかります。

【標準確認項目】訪問介護計画にある目標を達成するための具体的なサービスの内容が記載されているか

　訪問介護計画の目標とは、ケアプランの短期目標等を踏まえて設定し、その目標を達成するための具体的なサービスの内容が記載されている点を確認します。

　例えば、「6か月後に自力でトイレに行く」という目標であれば、訪問介護のサービスは排泄介助やトイレまでの歩行介助とその見守りなどが考えられます。老計第10号などを参考に具体的に記載しましょう。

【標準確認項目】日々のサービスについて、具体的な内容や利用者の心身の状況等を記しているか

　どのようなサービスを提供したか、サービスを提供しながら利用者を観察した結果をもとに、利用者の心身の状況等を記録書に記載します。

　これまでも記録の書き方については、事業所内で訪問介護員研修を行ったり、記録の書き方の見本や事例集などを作成し、訪問介護員に配布したりしている事業所も多いはずですが、今後はこれまで以上に個々の訪問介護員の観察力や想像力の底上げが必要になります。利用者を見る視点がどこなのか、前回の訪問時からどう変化したか、利用者が話す内容から想像できることは何か、見るだけではなく聴く力を磨く必要があります。

　運営基準第19条（サービス提供の記録）は、訪問介護員がもっとも理解しておかなければならない条文です。

（サービスの提供の記録）

第十九条　指定訪問介護事業者は、指定訪問介護を提供した際には、当該指定訪問介護の提供日及び内容、当該指定訪問介護について法第四十一条第六項の規定により利用者に代わって支払を受ける居宅介護サービス費の額その他必要な事項を、利用者の居宅サービス計画を記載した書面又はこれに準ずる書面に記載しなければならない。

2　指定訪問介護事業者は、指定訪問介護を提供した際には、提供した具体的なサービスの内容等を記録するとともに、利用者からの申出があった場合には、文書の交付その他適切な方法により、その情報を利用者に対して提供しなければならない。

3. 利用料等の受領（第20条）

「利用料等の受領（第20条）」の標準確認文書は「請求書」と「領収書」の２点ですが、何を確認するのでしょうか。順番に見ていきましょう。

【標準確認項目】利用者からの費用徴収は適切に行われているか

この「適切に行われているか」という部分は、運営基準の第20条を熟読して理解しておく必要があります。

実地指導担当者が請求書を確認する際に重視している１つは、**請求明細**です。**サービス提供日やサービス内容及び単位数や費用額**などが明記されていることを確認します。また、**介護保険外サービスを提供している場合の費用額が、介護保険サービスの費用額との間に著しい差額がないこと**も確認すると考えられます。

【標準確認項目】領収書を発行しているか

ほとんどの訪問介護事業所では介護ソフト等が導入されているので、当月請求書の下段に、**前月に領収した費用額が記載された領収書**が綴られている場合が多く見受けられます。**これらが事業所の控えとして、保管されていること**を確認します。

【標準確認項目】医療費控除の記載は適切か

こちらは、身体介護サービスを提供している利用者の医療費控除の記載内容を確認します。次のページの請求書の最後の行に**医療費控除額**が記載されています。こちらを確認しますので、金額が間違っていないか事前に見ておきましょう。

また、利用者が医療費控除の対象に該当するかどうかについては、下記の**国税庁ホームページ**を参照してください。

https://www.nta.go.jp/law/joho-zeikaishaku/shotoku/shinkoku/010131/01/03.htm

〒253-0082
茅ヶ崎市香川4-323

お客様 介護 様
≪サービス費ご請求のお知らせ≫

令和2年3月27日発行

〒231-0012
横浜市中区相生町6-33-3
NCC訪問介護
日本 太郎
TEL 052-219-0431

お問合せ先：
NCC横浜本社
TEL 045-491-0431

【 次回口座振替のお知らせ 】

被保険者番号	保険者番号	サービス提供年月	次回振替金額		振替日
0044444444	142075	令和2年2月	**11,948 円**		令和2年4月30日
被保険者名	お客様 介護 様		金融機関名	＊＊＊＊＊＊＊	
請求書番号	K19020010008-03-okyaku-104CMS		口座番号	＊＊＊＊＊＊＊	

ご利用明細

サービス内容		金額	消費税	お知らせ等
訪問介護(介護保険)	30回	単位数単価:10.42	費用総額:96,189 円	
介護給付額(保険)		(代理受領)	(84,241 円)	
自己負担額(保険)		0,361 円	非課税	
中止料金(外税)		2,396 円	191 円	
身体介護1(20分～30分)(248単位)	20回	サービス提供日別紙参照		
身体2生活1(50分～105分)(460単位)	3回	サービス提供日別紙参照		
生活援助3(223単位)	7回	サービス提供日別紙参照		
訪問介護処遇改善加算Ⅰ(1082単位)				
中止(外税)(2,396 円)	1回			
合計金額		11,757 円	191 円	計 11,948 円

領収証　　　お客様 介護 様　　　　　　　　　　　　　令和2年3月27日発行

0044444444 お客様 介護 様 サービス提供分

領収証番号：K19010010008-03-okyaku-104CMS
お支払い方法：銀行口座振替
サービス利用料として右記金額を領収致しました。
　　　　　　　令和2年2月28日

支援事業者	番号：1470012222
	NCC居宅支援事業所

〒231-0012
横浜市中区相生町6-33-3
NCC訪問介護
日本 太郎
TEL 052-219-0431

令和2年1月サービス提供分

領収金額	**9,484 円**
(内訳)	
介護保険自己負担額	
訪問介護	9,484 円
その他料金(自費サービス・償還払い等)	0 円
うち消費税相当額	0 円
うち医療費控除の対象となる金額	9,484 円

出典：株式会社日本コンピュータコンサルタント

第二十条　指定訪問介護事業者は、法定代理受領サービスに該当する指定訪問介護を提供した際には、その利用者から利用料の一部として、当該指定訪問介護に係る居宅介護サービス費用基準額から当該指定訪問介護事業者に支払われる居宅介護サービス費の額を控除して得た額の支払を受けるものとする。

2　指定訪問介護事業者は、法定代理受領サービスに該当しない指定訪問介護を提供した際にその利用者から支払を受ける利用料の額と、指定訪問介護に係る居宅介護サービス費用基準額との間に、不合理な差額が生じないようにしなければならない。

3　指定訪問介護事業者は、前二項の支払を受ける額のほか、利用者の選定により通常の事業の実施地域以外の地域の居宅において指定訪問介護を行う場合は、それに要した交通費の額の支払を利用者から受けることができる。

4　指定訪問介護事業者は、前項の費用の額に係るサービスの提供に当たっては、あらかじめ、利用者又はその家族に対し、当該サービスの内容及び費用について説明を行い、利用者の同意を得なければならない。

4. 訪問介護計画の作成（第24条）

「訪問介護計画の作成（第24条）」は標準確認項目が6項目あります。

【標準確認項目】居宅サービス計画に基づいて訪問介護計画が立てられているか

これは前述の「居宅サービス計画に沿ったサービスの提供（第16条）」でも触れたように、ケアプランとの整合性を確認します。実地指導担当者は、標準確認文書の欄にある「**居宅サービス計画**」と「**訪問介護計画（利用者又は家族の署名、捺印）**」の記載内容を精査すると考えられます。

【標準確認項目】利用者の心身の状況、希望および環境を踏まえて訪問介護計画が立てられているか

標準確認文書として、「**アセスメントシート**」（アセスメント記録）を確認します。**アセスメントシートに記載されている利用者情報が、訪問介護計画書にどう反映されているか**を確認するものと考えられます。

ここでは、ケアプランの内容を十分に理解した上で利用者宅を訪問し、利用者情報を収集してアセスメントシートに記載されていることが重要です。

【標準確認項目】サービスの具体的内容、時間、日程等が明らかになっているか

　サービスの具体的内容、時間、日程等の3点が、訪問介護計画書に記載されていることを確認します。

【標準確認項目】利用者又はその家族への説明・同意・交付は行われているか

　利用者やその家族に対し、訪問介護計画書の内容について、わかりやすく説明し同意を得て、その一通を交付していることを確認します。

　訪問介護計画書に、利用者またはその家族の署名、捺印があることはもとより、ここでは日付が重要です。また署名、捺印の前には、「私（利用者やその家族）は、訪問介護計画及びサービス利用料金について説明を受け、これに同意して計画書の交付を受けました。」という主旨の一文が必要です。

　同時に、説明した担当者である管理者やサービス提供責任者等の署名、捺印の欄があると、より明確です。この場合にも、「私（管理者又はサービス提供責任者等）が、上記の訪問介護計画及びサービス利用料金についてご説明しました。」という主旨の一文が加わります。

　利用者やその家族に対し、訪問介護計画書の内容を説明した際に、何らかの質問や不明点を問われた場合には、必ず記録しておきましょう。

【標準確認項目】目標の達成状況は記録されているか

　これまでの実地指導では、この項目についてのチェックが不十分なケースもありました。標準確認文書は「モニタリングシート」ですが、目標の達成状況が記録された訪問介護計画評価表などでもよいでしょう。目標の達成状況を記録するには、目標そのものが具体的でなければ判断はできません。「安心して安全な生活が送れるようになる」といった介護目標はほとんど見られなくなりましたが、未だに似たような目標を掲げている訪問介護計画書を見かけることがあります。

　よりわかりやすい目標を設定するには、目標を定量化することです。

　例えば、「6か月後に自力でトイレに行けるようになる」という介護目標であれば、今現在は訪問介護員の歩行介助や見守り的援助によりトイレに

移動しているが、6か月後に自力で移動できるようになるためにどうするか、それによって目標の達成状況を具体的に記録することができます。当然、記録したのは誰か、記録したのはいつかが明記されていなければなりません。

「介護サービス情報の公表」制度の調査票（運営情報）では明確にこの項目があり、極めて重要な項目ですので確認しておきましょう。

確認事項に、「34 当該サービスに係る計画の評価を行っている。（か）」とあります。確認のための材料では、「当該サービスに係る計画の評価を記入している記録がある（か）」を問います。ここで言う「計画の評価」とは、計画にある目標の達成状況等を踏まえて、その計画自体が利用者にとって適していたどうかについて振り返りを行うことです。

中項目	小項目	確認事項	確認のための材料
4 介護サービスの内容の評価、改善等のために講じている措置	13 介護サービスの提供状況の把握のための取組の状況	34 当該サービスに係る計画の評価を行っている。	38 当該サービスに係る計画の評価を記入している記録がある。
	14 介護サービスに係る計画等の見直しの実施の状況	35 当該サービスに係る計画の見直しについて3か月に1回以上、検討している。	39 3か月に1回以上の当該サービスに係る計画の見直しを議題とする会議の記録がある。
		36 当該サービスに係る計画の見直しの結果、居宅サービス計画の変更が必要と判断した場合、介護支援専門員に提案している。	40 居宅サービス計画の変更について、介護支援専門員に提案した記録がある。

出典：神奈川県介護サービス情報公表センターHPより抜粋

【標準確認項目】達成状況に基づき、新たな訪問介護計画が立てられているか

前述のように、目標の達成状況を検証し確認することによって計画そのものを評価します。簡単に言えば、「その訪問介護計画は利用者にとって効果的であったか否か」を評価し、必要があれば、新たな計画を作成します。

参考までに、「介護サービス情報公表」制度による運営情報の調査票にも、「36 当該サービスに係る計画の見直しの結果、居宅サービス計画の変更が必要と判断した場合、介護支援専門員に提案している（か）」という確認事

項があります。ケアプランの変更を提案することも、介護支援専門員との連携の1つです。

実地指導でもここまで確認するようになったわけですから、ただ計画を立てればよいというだけでなく、その結果を振り返り、目標の達成状況を記録し、さらに計画を評価し記録しておく必要があります。

なお、運営基準の第24条（訪問介護計画の作成）については、訪問介護員を含めた事業所全体で理解を深めるよう努めましょう。

（訪問介護計画の作成）

第二十四条 サービス提供責任者（第五条第二項に規定するサービス提供責任者をいう。以下この条及び第二十八条において同じ。）は、利用者の日常生活全般の状況及び希望を踏まえて、指定訪問介護の目標、当該目標を達成するための具体的なサービスの内容等を記載した訪問介護計画を作成しなければならない。

2 訪問介護計画は、既に居宅サービス計画が作成されている場合は、当該計画の内容に沿って作成しなければならない。

3 サービス提供責任者は、訪問介護計画の作成に当たっては、その内容について利用又はその家族に対して説明し、利用者の同意を得なければならない。

4 サービス提供責任者は、訪問介護計画を作成した際には、当該訪問介護計画を利用者に交付しなければならない。

5 サービス提供責任者は、訪問介護計画の作成後、当該訪問介護計画の実施状況の把握を行い、必要に応じて当該訪問介護計画の変更を行うものとする。

6 第一項から第四項までの規定は、前項に規定する訪問介護計画の変更について準用する。

---

5. 緊急時等の対応（第27条）

【標準確認項目】緊急時対応マニュアル等が整備されているか

標準確認文書は「**緊急時対応マニュアル**」です。運営基準第27条（緊急時等の対応）を確認しておきましょう。

（緊急時等の対応）

第二十七条 訪問介護員等は、現に指定訪問介護の提供を行っているときに利用者に病状の急変が生じた場合その他必要な場合は、速やかに主治の医師への連絡を行う等の必要な措置を講じなければならない。

「緊急時対応マニュアル」がこの条文の内容に従って作成されている必要があります。「訪問介護員等」とあるので、サービス提供責任者も含まれます。「現に指定訪問介護の提供を行っているとき」とあり、訪問介護員やサービス提供責任者が利用者宅でサービスを提供している時や買物などで利用者に同行している時などを想定しています。

　「利用者に病状の急変が生じた場合その他必要な場合」とは、病状の急変以外にも様々な状況が想定されます。例えば、利用者が転倒したり、食事中に食べ物をのどに詰まらせたりした等、いろいろと考えられます。そうした場合を想定してマニュアルに記載されていることが、**マニュアル等が整備されている**状態と考えられます。また、「速やかに主治の医師への連絡を行う等の必要な措置を講じなければならない。」と結んでいます。

　主治医以外にも連絡すべき対象として、担当介護支援専門員や利用者の家族などが考えられます。その他、利用者の病状によっては、訪問介護員が管理者やサービス提供責任者と連絡を取りながら、救急車を要請する必要があります。これらの手順が記載してあれば、「緊急時対応マニュアル」

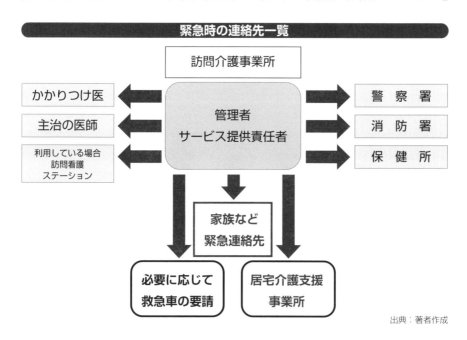

緊急時の連絡先一覧

訪問介護事業所

管理者
サービス提供責任者

かかりつけ医
主治の医師
利用している場合
訪問看護
ステーション

警　察　署
消　防　署
保　健　所

家族など
緊急連絡先

必要に応じて
救急車の要請

居宅介護支援
事業所

出典：著者作成

としては完璧だと言えます。

　なお、事業所内に前ページのような緊急時の連絡先一覧に電話番号を記載し電話機のそばに置いておくと、万一の時に慌てずに対応できます。参考にしてください。また、これは「緊急時対応マニュアル」の一部であることを理解しておきましょう。

【標準確認項目】緊急事態が発生した場合、速やかに主治の医師に連絡しているか

　これを確認するために標準確認文書として、「**サービス提供記録**」が挙げられています。**利用者宅で緊急事態が発生した時は、事態収拾後に必ずサービス提供記録に記載しておきましょう。**

　実際には、訪問介護員等が直接主治医に連絡することは極めて少ないと思いますが、管理者やサービス提供責任者が直接主治医に連絡した場合には、担当介護支援専門員への事後報告についても記録に残しましょう。

6. 運営規程（第29条）

　訪問介護事業所のみならず、介護保険サービスを提供する全ての介護事業所、施設等では運営規程を事業所内、施設内に掲示しなければなりません。筆者は2018年度までの12年間、神奈川県の介護サービス情報公表の主任調査員を務めていましたので、調査のために年間20〜30か所の介護事業所、施設を訪問していました。

　訪問調査で最初に確認するのが**運営規程の掲示**です。掲示はされているものの、その内容が少し古い運営規程を見かけることもありました。少なくとも**３年に一度の介護報酬改定や５年に一度の制度改正が行われた時には、運営規程を見直して改訂する必要があります。**同時に重要事項説明書の内容も改訂しなければなりません。

【標準確認項目】運営における以下の重要事項について定めているか

　「以下の重要事項」とは、その下にある７項目です。運営基準の条文にも同様の内容がありますので、念のため確認しておきましょう（99ページ）。

新規に訪問介護事業所を開業する時には、事業者指定の申請を行います。その際に提出する指定申請書類の1つとして、運営規程があります。しかし、指定申請の手続きを司法書士や行政書士等に依頼することが多く、運営規程の内容の重要性が認識されないまま、事業所内に掲示してあればよいという理解だけで訪問介護事業が始まります。

　また、保険者等が推奨する運営規程のひな形やモデル例を探して、そのまま使っている事業所も多く見受けられます。それらを採用する場合には、その内容を十分に精査し、運営実態に合ったものを選択しましょう。

　運営規程で定める7項目の1つ目は、「**事業の目的及び運営の方針**」です。

　例えば、訪問介護以外に予防専門型訪問サービスや生活支援型訪問サービスを一体的に提供している場合の「事業の目的」と「運営の方針」は以下のようになります。

参考:名古屋市「運営規程モデル」

（事業の目的）
　株式会社○○○○が開設する○○訪問介護事業所（以下「事業所」という。）が行う指定訪問介護、予防専門型訪問サービス及び生活支援型訪問サービスの事業（以下「事業」という。）の適正な運営を確保するために人員及び管理運営に関する事項を定め、事業所の介護福祉士又は訪問介護員研修の修了者（以下「訪問介護員等」という。）が、要介護状態及び要支援状態にある高齢者又は事業対象者（以下「要介護者等」という。）に対し、適正な指定訪問介護、予防専門型訪問サービス、生活支援型訪問サービスの事業を提供することを目的とする。

（運営の方針）
　指定訪問介護、予防専門型訪問サービスの基本方針として、訪問介護員等は、要介護者等の心身の特性を踏まえて、その有する能力に応じ自立した日常生活を営むことができるよう、入浴、排せつ、食事の介護その他の生活全般にわたる援助を行う。
2　指定生活支援型訪問サービスの基本方針として、訪問介護員等は、要支援状態にある高齢者又は事業対象者が可能な限りその居宅において自立した日常生活を営むことができるよう、掃除・洗濯・調理等の生活援助を行う。
3　事業の実施に当たっては、関係市町村、居宅介護支援事業者及び地域包括支援センター（以下、「居宅介護支援事業者等」という。）等、地域の保健・医療・福祉サービスとの綿密な連携を図り、総合的なサービスの提供に努めるものとする。

運営規程で定めておくべき7項目のうち、2から5までで気を付けたいのは**重要事項説明書の内容と一致していること**です。従業者の員数や利用料その他の費用の額が変わる場合には、運営規程と重要事項説明書を同時に改訂しましょう。

6つ目の「**緊急時等における対応方法**」については、前述の「5.緊急時等の対応」で確認した運営基準第27条（緊急時等の対応）を参考に、要約した内容を記載しましょう。

7つ目の「**その他運営に関する重要事項**」には、少なくとも以下の項目について記載しておくことが望ましいと考えられます。

①訪問介護員等の研修に関する事項
②訪問介護員等に対する定期的な健康診断の実施に関する事項
③訪問介護員等が知り得た利用者やその家族の秘密の保持に関する事項
④訪問介護員等であった者に対し、利用者やその家族の秘密を保持させるために、従業者でなくなった後も、これらの秘密を保持するべき旨を、雇用契約の内容に含むことを記載する

標準確認文書の方は「**運営規程**」と「**重要事項説明書**」です。運営規程は、**相談に訪れた利用者やその家族等が見やすい場所に掲示していること**を確認します。運営規程の施行年月日も確認しますので、規程を見直し改訂した年月日に注意しましょう。また、**両者の内容が一致していることも**確認します。

（運営規程）
第二十九条 指定訪問介護事業者は、指定訪問介護事業所ごとに、次に掲げる事業の運営についての重要事項に関する規程（以下この章において「運営規程」という。）を定めておかなければならない。

一 事業の目的及び運営の方針
二 従業者の職種、員数及び職務の内容
三 営業日及び営業時間
四 指定訪問介護の内容及び利用料その他の費用の額
五 通常の事業の実施地域
六 緊急時等における対応方法
七 その他運営に関する重要事項

訪問介護「運営」の標準確認項目と標準確認文書③

1. 勤務体制の確保等（第30条）

【標準確認項目】サービス提供は事業所の従業員によって行われているか

　従業員とは、訪問介護員やサービス提供責任者を指します。標準確認文書は「**雇用の形態（常勤・非常勤）がわかる文書**」となっています。毎月作成している「従業者の勤務の体制及び勤務形態一覧表」（74ページ）や「労働条件通知書」（79ページ）などが考えられます。

【標準確認項目】資質向上のために研修の機会を確保しているか

　標準確認文書は「**研修計画、実施記録**」です。訪問介護員等の資質向上のための研修を計画的に行うには、当然**研修計画書**が必要です。計画書に沿って研修を実施し、**研修実施記録書**を作成します。念のため申し上げておきますが、研修実施記録書とは、研修受講者の個々の「研修受講報告書」や「研修の感想文」のようなものとは別に、管理者が作成するものです。

　なお、運営基準第30条（勤務体制の確保等）を事業所全体で十分に理解するよう努めましょう。

（勤務体制の確保等）
第三十条　指定訪問介護事業者は、利用者に対し適切な指定訪問介護を提供できるよう、指定訪問介護事業所ごとに、訪問介護員等の勤務の体制を定めておかなければならない。
2　指定訪問介護事業者は、指定訪問介護事業所ごとに、当該指定訪問介護事業所の訪問介護員等によって指定訪問介護を提供しなければならない。
3　指定訪問介護事業者は、訪問介護員等の資質の向上のために、その研修の機会を確保しなければならない。

---

2. 秘密保持等（第33条）

【標準確認項目】個人情報の利用にあたり、利用者及び家族から同意を得ているか

　標準確認文書は、「**個人情報同意書**」とあります。文書名は、「個人情報使用同意書」または「個人情報利用同意書」の方がより望ましいと言えます。また、利用者の個人情報と家族の個人情報では、その利用の仕方に違いがあるため、利用者と家族のそれぞれから**個人情報の利用（使用）の同意を得ておきましょう。**

【標準確認項目】退職者を含む、従業員が利用者の秘密を保持することを誓約しているか

　標準確認文書は「**従業員の秘密保持誓約書**」です。訪問介護員、サービス提供責任者等の従業員を雇用する時に、**必ず利用者やその家族の秘密を保持することを厳守するという一文を含む誓約書の提出を受け、**万一退職した場合でもその効力が及ぶことを伝えておきましょう。

（秘密保持等）
第三十三条　指定訪問介護事業所の従業者は、正当な理由がなく、その業務上知り得た利用者又はその家族の秘密を漏らしてはならない。
2　指定訪問介護事業者は、当該指定訪問介護事業所の従業者であった者が、正当な理由がなく、その業務上知り得た利用者又はその家族の秘密を漏らすことがないよう、必要な措置を講じなければならない。
3　指定訪問介護事業者は、サービス担当者会議等において、利用者の個人情報を用いる場合は利用者の同意を、利用者の家族の個人情報を用いる場合は当該家族の同意を、あらかじめ文書により得ておかなければならない。

---

3. 広告（第34条）

【標準確認項目】広告は虚偽または誇大となっていないか

　標準確認文書は「**パンフレット／チラシ**」となっています。

事業所によっては、パンフレットやチラシを作成していない場合もありますが、**運営基準は広告自体は認めています。**事業所としては、パンフレットやチラシで広告宣伝するだけでなく、潜在的利用者に介護保険制度の利用を促す活動に役立つものも常備しておいた方がよいでしょう。

　これらを活用していない事業所の場合には、サービスの利用を検討している要介護者や家族に対し、口頭による説明が多くなり、無意識に「**広告は虚偽または誇大になっていないか**」に該当する内容を話していたり、そう受け止められてしまう恐れもあります。事業所は自らを守る意味でもパンフレットやチラシが必要ではないでしょうか。

　また、最近では多くの介護事業所がホームページを作成していますので、その場合には、これも確認の対象になると考えられます。

> （広告）
> 第三十四条　指定訪問介護事業者は、指定訪問介護事業所について広告をする場合においては、その内容が虚偽又は誇大なものであってはならない。

4. 苦情処理（第36条）

【標準確認項目】苦情受付の窓口があるか

　標準確認文書にはありませんが、重要事項説明書等の文書に、苦情の受付窓口の連絡先や担当者名が記載されていると思いますので、電話番号や担当者名に間違いがないか、事前に確認しておきましょう。

　また、標準確認文書には「**苦情の受付簿**」とあります。**事業所として常に苦情を受け付ける体制になっていること**を示すため、事業所の誰がいつ誰からどのような苦情を受け付けたかがわかるように、**苦情受付一覧表**などを用意しておきましょう。

【標準確認項目】苦情の受付、内容等を記録、保管しているか

　標準確認文書は「**苦情者への対応記録**」となっています。該当する記録として一般的に多いのは、「苦情対応記録書」（または「相談・苦情対応記録書」）などと呼ばれるものです。

相談苦情対応記録書の例（東大阪市）

相談・苦情等対応記録書

出典：
大阪府東大阪市HPより
抜粋

　上は東大阪市福祉部指導監査室介護事業者課が推奨している様式です。これらを参考に自事業所の記録を見直し、必要に応じて変更しましょう。

　介護保険制度では、利用者である要介護高齢者は社会的弱者であり、事業者はその尊厳を守らなければならないとしています。利用者や家族からのどんな些細な苦情やクレームでも、事業者は真摯に対応しなければなりません。1年間に相談や苦情等が1件もないなど、決してあり得ないという前提で実地指導を行っていると理解しておきましょう。

　「利用者やその家族から相談や苦情等が全くない事業所が、良い介護事業所だ。」と、思い込んでいる管理者が未だにいますが、そうした思い込みや勘違いを改めるよう指導された事例もあります。介護保険制度が事業者に求めているのは、相談や苦情、クレームがあった時には利用者保護の観点から、速やかにその申し出を受け付けて適切に対応することです。介護サービス情報の公表制度の運営情報調査票にも相談・苦情等の対応に関する調査項目もあることから、いかにこれが重要であるかがわかります。

【標準確認項目】苦情の内容を踏まえたサービスの質の向上の取組を行っているか

　標準確認文書は「**苦情対応マニュアル**」です。利用者やその家族からは苦情の他にも日常的に様々な相談を受けることもありますから、マニュアルは「**相談・苦情対応マニュアル**」であることが望ましいでしょう。

　なお、**マニュアルを定期的に改訂しているかどうか**も確認する可能性があります。「…サービスの質向上の取組を行っているか」と問う意味は、マニュアルを活用して相談や苦情に対応しているということです。作成年月日が古いものや一度も改訂していないマニュアルを提示すれば、マニュアルを活用していないと判断され、取組ができていないことになります。

　具体的な苦情があった場合には、速やかに対応し、苦情原因を明らかにします。その経過と結果を記録に残し、内容をもとに事例検討会や研修を行うなど、訪問介護サービスの質の向上のための取組が必要になります。

　介護サービス情報の公表制度における調査票（運営情報）には、相談、苦情に関する確認事項３項目、確認のための材料４項目がありますので参考になります。実地指導担当者は公表内容を事前に確認し、利用者やその家族からの相談、苦情等の対応状況を把握しています。

　したがって、相談、苦情の対応が事業所運営の仕組みとして機能していることが重要です。

中項目	小項目	確認事項	確認のための材料
3 相談、苦情等の対応のために講じている措置	12 相談、苦情等の対応のための取組の状況	31 利用者又は家族からの相談、苦情等に対応する仕組みがある。	34 重要事項を記した文書等利用者に交付する文書に、相談、苦情等対応窓口及び担当者が明記されている。
			35 相談、苦情等対応に関するマニュアル等がある。
		32 相談、苦情等対応の経過を記録している。	36 相談、苦情等対応に関する記録がある。
		33 相談、苦情等対応の結果について、利用者又はその家族に説明している。	37 利用者又はその家族に対する説明の記録がある。

出典：神奈川県介護サービス情報公表センターHPより抜粋

第三十六条　指定訪問介護事業者は、提供した指定訪問介護に係る利用者及びその家族からの苦情に迅速かつ適切に対応するために、苦情を受け付けるための窓口を設置する等の必要な措置を講じなければならない。

2　指定訪問介護事業者は、前項の苦情を受け付けた場合には、当該苦情の内容等を記録しなければならない。

3　指定訪問介護事業者は、提供した指定訪問介護に関し、法第二十三条の規定により市町村が行う文書その他の物件の提出若しくは提示の求め又は当該市町村の職員からの質問若しくは照会に応じ、及び利用者からの苦情に関して市町村が行う調査に協力するとともに、市町村から指導又は助言を受けた場合においては、当該指導又は助言に従って必要な改善を行わなければならない。

4　指定訪問介護事業者は、市町村からの求めがあった場合には、前項の改善の内容を市町村に報告しなければならない。

5　指定訪問介護事業者は、提供した指定訪問介護に係る利用者からの苦情に関して国民健康保険団体連合会（国民健康保険法（昭和三十三年法律第百九十二号）第四十五条第五項に規定する国民健康保険団体連合会をいう。以下同じ。）が行う法第七十六条第一項第三号の調査に協力するとともに、国民健康保険団体連合会から同号の指導又は助言を受けた場合においては、当該指導又は助言に従って必要な改善を行わなければならない。

6　指定訪問介護事業者は、国民健康保険団体連合会からの求めがあった場合には、前項の改善の内容を国民健康保険団体連合会に報告しなければならない。

5. 事故発生時の対応（第37条）

事故発生時の対応では、標準確認項目が多く5つあります。

【標準確認項目】事故が発生した場合の対応方法は定まっているか

標準確認文書の欄には、「**事故対応マニュアル**」とあります。「対応方法は定まっているか」という観点で、マニュアルや手順書などの内容を確認します。事故対応マニュアルは、ただあればよいわけではなく、「もしもの時」にマニュアル通りに対応できなければなりません。

これほど改訂や変更が必要となるマニュアルはありません。なぜなら、ヒヤリハット報告書などの内容により原因を特定した結果、事故発生時を想定した対応方法を一部修正、変更したりすることが多いのが、このマニュアルの特徴だからです。

また、事故を予防する視点を含めた「事故予防及び事故対応マニュアル」とするのもよいでしょう。

【標準確認項目】市町村、家族、介護支援専門員に報告しているか

　転倒したり、食べ物を喉に詰まらせたりした事故による利用者のけがなどで医療機関を受診した場合には、保険者である市町村に報告する必要があります。報告の記録は必ず保管しておきましょう。もちろん、利用者との同居の有無にかかわらず家族への報告、担当介護支援専門員へ第一報を伝えることは必要です。

介護保険サービス等に関わる事故報告取扱要領（品川区の例）

品福福発第 57 号
平成 1 9 年 5 月 1 日
一部改正：令和 2 年 4 月 1 日
品川区福祉部長

介護保険サービス等に関わる事故報告取扱要領

【第 3 及び第 4 のみ抜粋】

（事故の範囲）
第 3　報告すべき事故の範囲は、事業所の責任の有無にかかわらず、介護サービス等の
　　　提供に伴い発生した事故とし、次のとおりとする。
　　　1　原因等が次のいずれかに該当する場合
　　　（1）身体不自由・疾患または認知症等に起因するもの
　　　（2）施設の設備等に起因するもの
　　　（3）感染症、食中毒または疥癬の発生
　　　　　　感染症とは「感染症の予防および感染症の患者に対する医療に関する法律」に
　　　　　　定めるもののうち、原則として一、二、三、四、五類感染症およびこれらに相
　　　　　　当する指定感染症とする。（別表 2）
　　　（4）地震等の自然災害、火災または交通事故
　　　（5）職員、利用者または第三者の故意または過失による行為およびそれらが疑われ
　　　　　　る場合
　　　（6）原因を特定できない場合
　　　2　被害または影響が次のいずれかに該当する場合
　　　（1）利用者が死亡、けが等、身体的または精神的被害を受けた場合
　　　（2）利用者が経済的損失を受けた場合
　　　（3）利用者が加害者となった場合
　　　（4）離設・徘徊等により利用者の所在が不明となった場合
　　　（5）その他事業所のサービス提供等に重大な支障を伴う場合
　　　3　上記のほか、特に品川区が事業所に報告を求める場合

（事故の報告を要しない場合）
第 4　　第 3 の規定にかかわらず、次のいずれかに該当する場合は、報告を要しないもの
　　　とする。ただし、事故の原因が第 3 の 1 の（5）または（6）に該当する場合は
　　　除く。また、第 4 の（4）の場合については事故報告書の提出は要しないが、電話
　　　による第一報を入れるものとする。
　　　（1）利用者が身体的被害を受けたが、医療機関を受診することなく、軽微な治療の
　　　　　　みで対応した場合
　　　（2）利用者が身体的被害を受け、医療機関を受診したが、診察または検査のみで治
　　　　　　療を伴わない場合
　　　（3）老衰等、第三者の責に帰さない原因で死亡した場合
　　　（4）利用者または職員の感染症の罹患を自宅で確認した場合で、他の利用者等への
　　　　　　感染の恐れがない場合
　　　（5）その他、被害または影響がきわめて微少な場合および区が事故報告書の提出を
　　　　　　要しないとした場合

なお、市町村（保険者）への事故報告取扱いについては、前ページの「介護保険サービス等に関わる事故報告取扱要領」（品川区）を参考に、どのような場合に市町村に報告すべきかを事前に確認しておきましょう。

　ここでは、標準確認文書として「**市町村、家族、介護支援専門員への報告記録**」とありますので、口頭による報告だけでなく、**書面として記録された報告書を想定している**と考えられます。

【標準確認項目】事故状況、対応経過が記録されているか

　前述の標準確認文書「市町村、家族、介護支援専門員への報告記録」と関連する重要な記録です。事故発生直後に事故の状況について、当事者から正確な情報を収集し、**事故の全体像を把握して客観的な事実のみを記録**します。その上で速やかに適切な対応方法を展開し、逐次、対応の経過を記録しておきましょう。

【標準確認項目】損害賠償すべき事故が発生した場合に、速やかに賠償を行うための対策を講じているか

　損害賠償が必要な事故に関する詳細は、「事故対応マニュアル」などに記載される場合が多く、該当事故とはどういうものか、研修等を通じて十分に理解しておきましょう。特に加入している損害賠償責任保険の保険会社の協力を得て、損害賠償に関する知識や過去に多く発生した事例を学習することも必要です。

【標準確認項目】再発防止のための取組を行っているか

　事故が発生した場合には、大小に限らず事故原因の究明を徹底するための、「**再発防止策の検討の記録**」（標準確認文書）で、必ず再発防止のための取組を行っていることを確認します。具体的には、事故原因となったサービス提供の手順や業務手順の見直し、改善を話し合い、取り決めのための会議等を開催し、その記録を残します。次に新たな手順書や改訂したマニュアルなどを事業所内に周知します。

　なお、幸いにして事故がなかったとしても、再発防止のための取り組みが行えるよう、前述の「事故予防及び事故対応マニュアル」に**「再発防止」を含めた一体的なマニュアル**とするのが望ましいでしょう。

標準確認文書の最後にある「**ヒヤリハットの記録**」については、施設サービスに比べ、訪問介護事業所では浸透しにくい傾向があります。個々の訪問介護員が積極的にヒヤリハットに相当する事案を報告する意識を高めながら、ヒヤリハットの報告を記録に残しましょう。

　なお、運営基準第37条（事故発生時の対応）を事業所全体で理解するよう努めましょう。

ヒヤリハット報告書

ヒヤリ・ハット　報告書

報　告　日	年　月　日（　）	記入者 （担当者）			
利　用　者	（フリガナ） 氏　名		性別 男・女	要介護度 要支援1・2 要介護1・2・3・4・5	
	電話番号		生年月日	年　月　日（　）才	
	住　所 〒				
発　生　日　時	年　月　日（　）時　分				
発　生　場　所	ヒヤリ・ハットはどこで起きたか				
発生時の利用者の状況	ヒヤリ・ハット時の利用者の様子など				
ヒヤリハットの概要	ヒヤリハットが発生する前から発生知るまでの流れ				
ヒヤリハット後の経過	ヒヤリハットが発生した後、どうなったか				
対応の結果	事故に至らなかったのはなぜか、どのように対応したか				
今後の課題及び改善点	これまでに同様のヒヤリハットはなかったか、今後何をどのように改善すべきか				

社長	担当役員	管理者	S責任者	S責任者
／	／	／	／	／

※出典：筆者作成

（事故発生時の対応）

第三十七条　指定訪問介護事業者は、利用者に対する指定訪問介護の提供により事故が発生した場合は、市町村、当該利用者の家族、当該利用者に係る居宅介護支援事業者等に連絡を行うとともに、必要な措置を講じなければならない。

2　指定訪問介護事業者は、前項の事故の状況及び事故に際して採った処置について記録しなければならない。

3　指定訪問介護事業者は、利用者に対する指定訪問介護の提供により賠償すべき事故が発生した場合は、損害賠償を速やかに行わなければならない。

第 **5** 章

通所介護の標準確認項目と標準確認文書

通所介護の標準確認項目と
標準確認文書をチェックする

通所型の代表格「通所介護」（デイサービス）の実地指導

　通所介護や地域密着型通所介護は、訪問介護や居宅介護支援と同様に事業所数が多く、実地指導担当者も通所介護事業所の運営状況を十分理解しており、見るポイントがわかっていると言えます。それだけに実地指導の直前に、日常的にやっていないことをやっているかのように取り繕って準備しても見抜かれます。

　例えば、送迎車の運行管理表や送迎記録について、週ごとや月ごとにファイルされた保管の状態を見るだけでも、その管理体制の良し悪しがわかります。

　日々のサービス提供は、誰がやっても同じ質が保たれることが前提ですから、事業所全体で業務マニュアルを活用したり、運営基準の理解を促進したりすることは極めて重要になります。

　以下、項目ごとに見ていきますが、第4章の「訪問介護」と重複する部分も少なくありませんので、その部分は適宜省略しています。該当箇所については訪問介護の章をご参照ください。

	標準確認項目		標準確認文書	頁
人員	従業者の員数 （第93条）	・利用者に対し、職員数は適切であるか ・必要な専門職が揃っているか ・専門職は必要な資格を有しているか	・勤務実績表／タイムカード ・勤務体制一覧表 ・従業員の資格証	113
	管理者 （第94条）	・管理者は常勤専従か、他の職務を兼務している場合、兼務体制は適切か	・管理者の雇用形態が分かる文書 ・管理者の勤務実績表／タイムカード	117
設備	設備及び備品等 （第95条）	・目的に沿った使用となっているか【目視】		117
運営	内容及び手続の説明及び同意 （第8条）	・利用者又はその家族への説明と同意の手続きを取っているか ・重要事項説明書の内容に不備等はないか	・重要事項説明書 ・利用契約書（利用者又は家族の署名、捺印）	119
	受給資格等の確認 （第11条）	・被保険者資格、要介護認定の有無、要介護認定の有効期限を確認しているか	・介護保険番号、有効期限等を確認している記録等	120
	心身の状況等の把握 （第13条）	・サービス担当者会議等に参加し、利用者の心身の状況把握に努めているか	・サービス担当者会議の記録	120
	居宅介護支援事業者等との連携 （第14条）	・サービス担当者会議を通じて介護支援専門員や他サービスと連携しているか	・サービス担当者会議の記録	120
	居宅サービス計画に沿ったサービスの提供 （第16条、17条）	・居宅サービス計画に沿ったサービスが提供されているか	・居宅サービス計画 ・通所介護計画（利用者及び家族の署名、捺印）	120
	サービス提供の記録 （第19条）	・通所介護計画にある目標を達成するための具体的なサービスの内容が記載されているか ・日々のサービスについて、具体的な内容や利用者の心身の状況等を記録しているか ・送迎が適切に行われているか	・サービス提供記録 ・業務日誌 ・送迎記録	121
	利用料等の受領 （第96条）	・利用者からの費用徴収は適切に行われているか ・領収書を発行しているか ・医療費控除の記載は適切か	・請求書 ・領収書	122
	通所介護計画の作成 （第99条）	・居宅サービス計画に基づいて通所介護計画が立てられているか ・利用者の心身の状況、希望および環境を踏まえて通所介護計画が立てられているか ・サービスの具体的内容、時間、日程等が明らかになっているか ・利用者又はその家族への説明・同意・交付は行われているか ・目標の達成状況は記録されているか ・達成状況に基づき、新たな通所介護計画が立てられているか	・居宅サービス計画 ・通所介護計画（利用者又は家族の署名、捺印） ・アセスメントシート ・モニタリングシート	123

運営	緊急時等の対応 （第27条）	・緊急時対応マニュアル等が整備されているか ・緊急事態が発生した場合、速やかに主治の医師に 　連絡しているか	・緊急時対応マニュアル ・サービス提供記録	126
	運営規程 （第100条）	・運営における以下の重要事項について定めているか 1. 事業の目的及び運営の方針 2. 従業者の職種、員数及び職務の内容 3. 営業日及び営業時間 4. 指定通所介護の利用定員 5. 指定通所介護の内容及び利用料その他の費用 　の額 6. 通常の事業の実施地域 7. サービス利用に当たっての留意事項 8. 緊急時等における対応方法 9. 非常災害対策 10. その他運営に関する重要事項	・運営規程 ・重要事項説明書	126
	勤務体制の確保等 （第101条）	・サービス提供は事業所の従業員によって行われているか ・資質向上のために研修の機会を確保しているか ・勤務表の記載内容は適切か	・雇用の形態（常勤・非常勤）がわかる文書 ・研修計画、実施記録 ・勤務実績表（勤務実績が確認できるもの）	127
	定員の遵守 （第102条）	・利用定員を上回っていないか	・業務日誌 ・国保連への請求書控え	129
	非常災害対策 （第103条）	・非常災害（火災、風水害、地震等）対応に係るマニュアルがあるか ・非常災害時の連絡網等は用意されているか ・防火管理に関する責任者を定めているか ・消火・避難訓練を実施しているか	・非常災害時対応マニュアル（対応計画） ・運営規程 ・避難訓練の記録 ・通報、連絡体制 ・消防署への届出	130
	秘密保持等 （第33条）	・個人情報の利用に当たり、利用者及び家族から同意を得ているか ・退職者を含む、従業員が利用者の秘密を保持することを誓約しているか	・個人情報同意書 ・従業員の秘密保持誓約書	131
	広告 （第34条）	・広告は虚偽又は誇大となっていないか	・パンフレット／チラシ	131
	苦情処理 （第36条）	・苦情受付の窓口があるか ・苦情の受付、内容等を記録、保管しているか ・苦情の内容を踏まえたサービスの質向上の取組を行っているか	・苦情の受付簿 ・苦情者への対応記録 ・苦情対応マニュアル	132
	事故発生時の対応 （第104条の2）	・事故が発生した場合の対応方法は定まっているか ・市町村、家族、介護支援専門員に報告しているか ・事故状況、対応経過が記録されているか ・損害賠償すべき事故が発生した場合に、速やかに賠償を行うための対策を講じているか ・再発防止のための取組を行っているか	・事故対応マニュアル ・市町村、家族、介護支援専門員への報告記録 ・再発防止策の検討の記録 ・ヒヤリハットの記録	132

注）（ ）は指定居宅サービス等の事業の人員、設備及び運営に関する基準（平成11年厚生省令第37号）の該当条項

通所介護「人員」と「設備」の標準確認項目と標準確認文書

1. 従業者の員数（第93条）

【標準確認項目】利用者に対し、職員数は適切であるか

　通所介護の規模により職員数に違いはありますが、利用者数に対して職員数が適切であるかを確認します。生活相談員や看護職員、介護職員、機能訓練指導員の勤務状況を日ごとに確認するものと考えられます。実地指導担当者は、「標準確認文書」の欄にある「**勤務実績表**」や「**タイムカード**」、「**勤務体制一覧表**」などを確認します。

　ここで言う勤務体制一覧表とは、「**従業者の勤務の体制及び勤務形態一覧表**」のことで、これには個々の職員等の常勤、非常勤の識別ができるように表記されています。

　なお、『「従業者の勤務体制及び勤務形態一覧表」の参考様式の取扱いについて（その2）（厚生労働省老健局・令和2年9月30日)』（介護保険最新情報VOL.876）にある「従業者の勤務体制及び勤務形態一覧表」（以下「一覧表」という）の参考様式は、これまでのものから一部変更されています。

　この事務連絡には、参考様式見直しの基本的な考え方として、「1　指定・許可にあたっての人員配置基準を満たすことを一覧で確認できるものとする。」、「2　人員数の算出にあたり必要な数値（例：常勤職員の勤務すべき時間数、利用者数・入所者数等）が含まれた一覧とする。」と明記されており、利用者数を記載する様式になったことです（73ページ参照）。

　何よりも「一覧で確認できるものとする」という一文がありますので、この参考様式を使用した方がよいということです。

従業者の勤務の体制及び勤務形態一覧表（通所介護）

上記は令和2年9月30日の時点で改訂されたものです。「一覧表」の右端に「事業所名（　　）」とあり、その下には「（5）事業所全体のサービス提供単位数」を記入します。「サービス提供時間」の記入欄もあり、今までになかった項目が増えたことがわかります。

この一覧表は前月に「計画」を作成し、当月末か次月初めに「実績」を作成するようになっています。実地指導担当者は、下の表にある「（17）利用者数」の数値と「一覧表」全体を確認し、「利用者に対し、職員数は適切であるか」を判断するのではないかと考えられます。利用者数については、「（17）利用者数」の数値とともに直近の「介護給付費請求書」等を確認し、把握することもあるでしょう。

これだけ詳細に記入する様式になったのは、実地指導の標準化・効率化等の運用と連動していると考えるべきでしょう。事業所にとってもこの「一覧表」を活用した方が効率的に実地指導を受けることができます。

【標準確認項目】必要な専門職が揃っているか

　必要な専門職とは、通所介護サービスを提供するために必要な職員です。運営基準に定める生活相談員、看護職員、介護職員、機能訓練指導員について所定の員数がそろっていることを確認します。勤務実績表やタイムカードなどで在職の事実を確認することになります。

　また、前述の勤務形態一覧表によって、全職員の氏名と取得している資格等も確認できますので、必ず提示できるようにしておきましょう。

【標準確認項目】専門職は必要な資格を有しているか

　標準確認文書は「**従業員の資格証**」です。ほとんどの通所介護事業所では、管理者や全従業者の取得した資格等について、個々の資格取得証明証（書）や研修等の修了証などの複写（コピー）を保管しています。しかし、個々の従業者の取得資格を、いつ、誰が確認したのか、記録がない事例が多く見受けられます。

　看護職員や介護職員などの採用時には、管理者が必ず取得している資格等の資格取得証明証（書）や研修の修了書の現物（原本）を確認しなけれ

看護婦（士）免許証

出典：著者関係者提供

ばなりません。その上でコピーを取って複写物を保管します。

　前ページの図では看護婦（士）免許証の写しの左上に、確認した年月日と確認した管理者の印があり、これで十分に管理されている状態と言えます。

　また、従業者等が新たに資格を取得した場合にも、決して本人にコピーを持参させずに、管理者が必ず原本を確認して同じように取り扱います。

　なお、長文ですが、運営基準第93条（従業者の員数）を事業所全体で理解しておくように努めましょう。

（従業者の員数）
第九十三条　指定通所介護の事業を行う者（以下「指定通所介護事業者」という。）が当該事業を行う事業所（以下「指定通所介護事業所」という。）ごとに置くべき従業者（以下この節から第四節までにおいて「通所介護従業者」という。）の員数は、次のとおりとする。
　一　生活相談員　指定通所介護の提供日ごとに、当該指定通所介護を提供している時間帯に生活相談員（専ら当該指定通所介護の提供に当たる者に限る。）が勤務している時間数の合計数を、当該指定通所介護を提供している時間帯の時間数で除して得た数が一以上確保されるために必要と認められる数
　二　看護師又は准看護師（以下この章において「看護職員」という。）　指定通所介護の単位ごとに、専ら当該指定通所介護の提供に当たる看護職員が一以上確保されるために必要と認められる数
　三　介護職員　指定通所介護の単位ごとに、当該指定通所介護を提供している時間帯に介護職員（専ら当該指定通所介護の提供に当たる者に限る。）が勤務している時間数の合計数を、当該指定通所介護を提供している時間数で除して得た数が利用者（当該指定通所介護事業者が法第百十五条の四十五第一項第一号ロに規定する第一号通所事業（旧法第八条の二第七項に規定する介護予防通所介護に相当するものとして市町村が定めるものに限る。）に係る指定事業者の指定を併せて受け、かつ、指定通所介護の事業と当該第一号通所事業とが同一の事業所において一体的に運営されている場合にあっては、当該事業所における指定通所介護又は当該第一号通所事業の利用者（以下この節及び次節において同じ。）の数が十五人までの場合にあっては一以上、十五人を超える場合にあっては十五人を超える部分の数を五で除して得た数に一を加えた数以上確保されるために必要と認められる数
　四　機能訓練指導員　一以上
2　指定通所介護事業者は、指定通所介護の単位ごとに、前項第三号の介護職員を、常時一人以上当該指定通所介護に従事させなければならない。
3　第一項の規定にかかわらず、介護職員は、利用者の処遇に支障がない場合は、他の指定通所介護の単位の介護職員として従事することができるものとする。
4　前三項の指定通所介護の単位は、指定通所介護であってその提供が同時に一又は複

数の利用者に対して一体的に行われるものをいう。

5　第一項第四号の機能訓練指導員は、日常生活を営むのに必要な機能の減退を防止するための訓練を行う能力を有する者とし、当該指定通所介護事業所の他の職務に従事することができるものとする。

6　第一項の生活相談員又は介護職員のうち一人以上は、常勤でなければならない。

7　指定通所介護事業者が第一項第三号に規定する第一号通所事業に係る指定事業者の指定を併せて受け、かつ、指定通所介護の事業と当該第一号通所事業とが同一の事業所において一体的に運営されている場合については、市町村の定める当該第一号通所事業の人員に関する基準を満たすことをもって、前各項に規定する基準を満たしているものとみなすことができる。

2. 管理者（第94条）

【標準確認項目】管理者は常勤専従か、他の職務を兼務している場合、兼務体制は適切か

　標準確認文書の欄には2点あり、「**管理者の雇用形態が分かる文書**」と「**管理者の勤務実績表／タイムカード**」です。基本的には、訪問介護の場合と同じですので、78ページの「2.管理者」の項を参照してください。

（管理者）

第九十四条　指定通所介護事業者は、指定通所介護事業所ごとに専らその職務に従事する常勤の管理者を置かなければならない。ただし、指定通所介護事業所の管理上支障がない場合は、当該指定通所介護事業所の他の職務に従事し、又は同一敷地内にある他の事業所、施設等の職務に従事することができるものとする。

3. 設備及び備品等（第95条）

【標準確認項目】目的に沿った使用となっているか【目視】

　標準確認文書の欄には何も書いてありません。「**目視」とは、実地指導担当者が所定の設備や備品等を見て確認します。**

　運営基準第95条1項では、通所介護の設備である機能訓練室（兼食堂）、静養室、相談室及び事務室があることと明記されており、確認します。

　また、「消火設備その他の非常災害に際して必要な設備並びに指定通所介

護の提供に必要なその他の設備及び備品等を備えなければならない。」とあるので、**消火設備が使用可能な状態であるか、非常口誘導灯や表示**なども確認するでしょう。入浴サービスを提供している場合には、**浴室やトイレ**なども目視します。

「目的に沿った使用となっているか」ということから、相談室が別の用途で使われていることがないように注意が必要です。**相談室の広さや相談者のプライバシーを保護できる状態であること**なども確認します。

運営基準第95条も長文ですが、よく理解しておきましょう。

（設備及び備品等）

第九十五条　指定通所介護事業所は、食堂、機能訓練室、静養室、相談室及び事務室を有するほか、消火設備その他の非常災害に際して必要な設備並びに指定通所介護の提供に必要なその他の設備及び備品等を備えなければならない。

2　前項に掲げる設備の基準は、次のとおりとする。

一　食堂及び機能訓練室

イ　食堂及び機能訓練室は、それぞれ必要な広さを有するものとし、その合計した面積は、三平方メートルに当該指定通所介護事業所の利用定員（当該指定通所介護事業所において同時に指定通所介護の提供を受けることができる利用者の数の上限をいう。次節において同じ。）を乗じて得た面積以上とすること。

ロ　イにかかわらず、食堂及び機能訓練室は、食事の提供の際にはその提供に支障がない広さを確保でき、かつ、機能訓練を行う際にはその実施に支障がない広さを確保できる場合にあっては、同一の場所とすることができる。

二　相談室

遮へい物の設置等により相談の内容が漏えいしないよう配慮されていること。

3　第一項に掲げる設備は、専ら当該指定通所介護の事業の用に供するものでなければならない。ただし、利用者に対する指定通所介護の提供に支障がない場合は、この限りでない。

4　前項ただし書の場合（指定通所介護事業者が第一項に掲げる設備を利用し、夜間及び深夜に指定通所介護以外のサービスを提供する場合に限る。）には、当該サービスの内容を当該サービスの提供の開始前に当該指定通所介護事業者に係る指定を行った都道府県知事（指定都市及び中核市にあっては、指定都市又は中核市の市長。以下同じ。）に届け出るものとする。

5　指定通所介護事業者が第九十三条第一項第三号に規定する第一号通所事業に係る指定事業者の指定を併せて受け、かつ、指定通所介護の事業と当該第一号通所事業とが同一の事業所において一体的に運営されている場合については、市町村の定める当該第一号通所事業の設備に関する基準を満たすことをもって、第一項から第三項までに規定する基準を満たしているものとみなすことができる。

通所介護「運営」の標準確認項目と標準確認文書①

運営に関する標準確認項目と標準確認文書は、従来の実地指導で確認されていた帳票類、記録類などの文書の数よりも明らかに減りました。しかし、指導で確認するポイント（確認項目）が少し変わった点もあります。

運営に関する標準確認項目は、人員、設備と同様に「**指定居宅サービス等の事業の人員、設備及び運営に関する基準**」（以下「運営基準」という）に基づいて構成されています。これまで以上に運営基準を正しく理解しておくことが求められます。

対象となる条文は、全部で17項目、標準確認項目は40、標準確認文書も40（重複を含む）となります。項目ごとに解説していきます。

1. 内容及び手続の説明及び同意（第8条）

標準確認項目及び標準確認文書ともに、訪問介護の「1.内容及び手続の説明及び同意（第8条）」（81ページ）と同じですのでそちらを参照してください。

運営基準の第105条（準用）で、第8条等の規定は「指定通所介護の事業について準用する。」となっています。

第百五条（準用）

第八条から第十七条まで、第十九条、第二十一条、第二十六条、第二十七条、第三十二条から第三十四条まで、第三十五条から第三十六条の二まで、第三十八条及び第五十二条の規定は、指定通所介護の事業について準用する。この場合において、第八条中「第二十九条」とあるのは「第百条」と、「訪問介護員等」とあるのは「通所介護従業者」と、第三十二条中「訪問介護員等」とあるのは「通所介護従業者」と読み替えるものとする。

---

2. 受給資格等の確認（第11条）

前述の運営基準第105条（準用）に従い、訪問介護にある「2.受給資格等の確認（第11条）」（83ページ）を読み替えて参照してください。

3. 心身の状況等の把握（第13条）

同様に、訪問介護にある「3.心身の状況等の把握（第13条）」（85ページ）を読み替えて参照してください。

4. 居宅介護支援事業者等との連携（第14条）

同様に、訪問介護にある「4.居宅介護支援事業者等との連携（第14条）」（86ページ）を読み替えて参照してください。

5. 居宅サービス計画に沿ったサービスの提供（第16条、17条）

同様に、訪問介護にある「1.居宅サービス計画に沿ったサービスの提供（第16条）」（88ページ）を読み替えて参照してください。

標準確認文書には「**居宅サービス計画**」のほか、訪問介護にはない「**通所介護計画（利用者及び家族の署名、捺印）**」があります。サービス契約書と同様に、説明、同意、交付の手順がわかるようにしておきましょう。

通所介護計画書がケアプランに沿って作成されているかどうか、両者の整合性を確認します。ケアプランに沿ったサービス提供とは、ケアプラン第1表にある「利用者及び家族の生活に対する意向」や「総合的な援助の方針」などを理解していることが前提であり、ケアプランの「短期目標」だけを見て計画を作成しないよう、注意しましょう。

なお、訪問介護ではこの項目に、運営基準の第17条（居宅サービス計画等の変更の援助）がありませんでしたが、通所介護にはあります。ケアプランの変更の希望に限らず、常に利用者や家族の意向等を聞き、担当の介護支援専門員に連絡、相談しましょう。

6. サービス提供の記録（第19条）

前述の運営基準第105条の（準用）に従い、訪問介護にある「2.サービス提供の記録（第19条）」（88ページ）を読み替えて参照してください。標準確認文書には「**サービス提供記録**」のほか、「**業務日誌**」が加わっています。

訪問介護にはない3つ目の標準確認項目として、送迎があります。

【標準確認項目】送迎が適切に行われているか

標準確認文書には、「**送迎記録**」があります。利用者の送迎については日々の記録が必須です。

介護サービス情報の公表制度における調査票（運営情報）には、送迎に関する項目が4項目ありますので、参考にしてください。

小項目	確認事項	確認のための材料
12 安全な送迎のための取組の状況	26 利用者の状況を踏まえた送迎を行うため、利用者及びその家族との打ち合わせを行っている。	41 利用者の状況に応じた送迎についての記載があるマニュアル等がある。
		42 利用者の送迎に関する心身の状況、環境等についての記載がある記録がある。
	27 送迎車両への条項及び送迎車両内での安全の確保のために、介助のための人員を配置している。	43 送迎の人員体制に、介助のための人員が配置されていることが確認できる文書がある。
		44 解除のための人員配置が確認できる運転日誌、運転記録等がある。

出典：神奈川県介護サービス情報公表センターホームページより一部抜粋

実地指導担当者は公表内容を事前に確認し、安全な送迎が実施されているかを把握しています。標準確認文書にはないですが、「送迎マニュアル」

や送迎に関する手順書などがあり活用が望まれます。また、送迎予定表などがあり、送迎車両の運行状況が把握できる状態であることも重要です。

7. 利用料等の受領（第96条）

標準確認文書は、「**請求書**」と「**領収書**」の2つです。

【標準確認項目】利用者からの費用徴収は適切に行われているか

「適切に行われているか」という部分については、運営基準の第96条を十分理解しておく必要があります。実地指導担当者が請求書を確認する際に重視している1つは、請求明細です。**サービス提供日やサービス内容及び単位数、費用額などが明記されている**ことを確認します。

また、通所介護の場合には、食事の提供やレクレーション、創作活動等に使用する物品の代金などの費用額の明細がわかりやすく請求書に反映されていることが重要です。

【標準確認項目】領収書を発行しているか

ほとんどの介護事業所では介護ソフト等を導入しているので、当月請求書の下段に、前月に領収した費用額が記載された領収書が綴られている場合が多く見受けられます。これで領収書を発行していることになります。

【標準確認項目】医療費控除の記載は適切か

こちらは、**通所介護サービスの利用者の医療費控除の記載内容**を確認します。請求書の最後の行に医療費控除額が記載されていますので、金額が間違っていないか事前に見ておきましょう（91ページ参照）。

また、医療控除費の対象に該当するかどうかについては、国税庁のホームページを参照してください（90ページ）。

（利用料等の受領）

第九十六条　指定通所介護事業者は、法定代理受領サービスに該当する指定通所介護を提供した際には、その利用者から利用料の一部として、当該指定通所介護に係る居宅介護サービス費用基準額から当該指定通所介護事業者に支払われる居宅介護サービス費の額を控除して得た額の支払を受けるものとする。

2　指定通所介護事業者は、法定代理受領サービスに該当しない指定通所介護を提供した際にその利用者から支払を受ける利用料の額と、指定通所介護に係る居宅介護サー

ビス費用基準額との間に、不合理な差額が生じないようにしなければならない。

3　指定通所介護事業者は、前二項の支払を受ける額のほか、次の各号に掲げる費用の額の支払を利用者から受けることができる。

一　利用者の選定により通常の事業の実施地域以外の地域に居住する利用者に対して行う送迎に要する費用

二　指定通所介護に通常要する時間を超える指定通所介護であって利用者の選定に係るものの提供に伴い必要となる費用の範囲内において、通常の指定通所介護に係る居宅介護サービス費用基準額を超える費用

三　食事の提供に要する費用

四　おむつ代

五　前各号に掲げるもののほか、指定通所介護の提供において提供される便宜のうち、日常生活においても通常必要となるものに係る費用であって、その利用者に負担させることが適当と認められる費用

4　前項第三号に掲げる費用については、別に厚生労働大臣が定めるところによるものとする。

5　指定通所介護事業者は、第三項の費用の額に係るサービスの提供に当たっては、あらかじめ、利用者又はその家族に対し、当該サービスの内容及び費用について説明を行い、利用者の同意を得なければならない。

8. 通所介護計画の作成（第99条）

　通所介護計画の標準確認項目は6項目と多くなっています。

【標準確認項目】居宅サービス計画に基づいて通所介護計画が立てられているか

　これは、前述の「5.居宅サービス計画に沿ったサービスの提供（第16条、17条）」でも触れたように、ケアプランとの整合性を確認します。実地指導担当者は、標準確認文書の「**居宅サービス計画（書）**」と「**通所介護計画（利用者又は家族の署名、捺印）（書）**」の記載内容を精査すると考えられます。

【標準確認項目】利用者の心身の状況、希望および環境を踏まえて通所介護計画が立てられているか

　標準確認文書として、「**アセスメントシート**」（アセスメント記録）を確認します。**アセスメントシートに記載されている利用者情報が、通所介護計画書にどう反映されているか**を確認するものと考えられます。

ここでは、ケアプランの内容を十分に理解した上で利用者宅を訪問し、利用者や家族の希望を聴取したり、居室などの状態を把握したりします。

　また、個別機能訓練等に必要な利用者情報を収集し、アセスメントシートに記載していることも重要です。

【標準確認項目】サービスの具体的内容、時間、日程等が明らかになっているか

　サービスの具体的内容、時間、日程等の３点が、通所介護計画書に記載されていることを確認します。

【標準確認項目】利用者又はその家族への説明・同意・交付は行われているか

　利用者やその家族に対し、通所介護計画書の内容について、**わかりやすく説明し同意を得て、その一通を交付していること**を確認します。通所介護計画書に、利用者またはその家族の署名、捺印があることはもとより、**日付も重要**です。加えて、署名、捺印の前には「私（利用者やその家族）は、通所介護計画及びサービス利用料金について説明を受け、これに同意して計画書の交付を受けました。」という主旨の一文が必要です。

　同時に、説明した担当者である管理者や生活相談員等の署名、捺印の欄があると、より明確です。この場合にも、「私（管理者または生活相談員等）が、上記の通所介護計画及びサービス利用料金についてご説明しました。」という主旨の一文が加わります。

　また、利用者やその家族に対し、通所介護計画書の内容を説明した際に利用者やその家族から何らかの質問や不明点を問われた場合には、必ずその内容を記録しておきましょう。

【標準確認項目】目標の達成状況は記録されているか

　従来の実地指導では、この項目についてのチェックが不十分なケースもありました。「介護サービス情報の公表」制度では、明確にこの項目があります。標準確認文書は**「モニタリングシート」**ですが、目標の達成状況が記録された**「通所介護計画書評価表」**などでもよいでしょう。

　目標の達成状況を記録するには、目標そのものが具体的でなければ判断

することができません。「安心して安全な生活が送れるようになる。」とか、「他者との交流の機会を増やす」というような介護目標は、ほとんどなくなりましたが、未だにこのような目標を掲げている通所介護計画書を見かけることがあります。よりわかりやすい目標を設定するには、目標を定量化することが重要です。

　例えば、「6か月後に自力でトイレに行けるようになる。」という介護目標であれば、今現在は介護職員の歩行介助や見守り的援助によりトイレに移動しているが、6か月後に自力で移動できるようになるためにはどうするか、それによって目標の達成状況を具体的に記録することできます。当然、記録した担当者名や記録した日付の記載が必要です。

【標準確認項目】達成状況に基づき、新たな通所介護計画が立てられているか

　目標の達成状況を確認することによって、計画そのものを評価する必要があります。計画の是非を検討するということになります。具体的には、「その通所介護計画は利用者にとって効果的であったか否か」を検討し、必要があれば、新たな計画を作成しなければなりません。

（通所介護計画の作成）
第九十九条　指定通所介護事業所の管理者は、利用者の心身の状況、希望及びその置かれている環境を踏まえて、機能訓練等の目標、当該目標を達成するための具体的なサービスの内容等を記載した通所介護計画を作成しなければならない。
2　通所介護計画は、既に居宅サービス計画が作成されている場合は、当該居宅サービス計画の内容に沿って作成しなければならない。
3　指定通所介護事業所の管理者は、通所介護計画の作成に当たっては、その内容について利用者又はその家族に対して説明し、利用者の同意を得なければならない。
4　指定通所介護事業所の管理者は、通所介護計画を作成した際には、当該通所介護計画を利用者に交付しなければならない。
5　通所介護従業者は、それぞれの利用者について、通所介護計画に従ったサービスの実施状況及び目標の達成状況の記録を行う。

通所介護「運営」の標準確認項目と標準確認文書②

1. 緊急時等の対応（第27条）

前述の運営基準第105条（準用）に従い、訪問介護にある「5.緊急時等の対応（第27条）」（95ページ）を読み替えて参照してください。

2. 運営規程（第100条）

介護保険サービスを提供する全ての介護事業所、施設等では、運営規程を事業所内、施設内に掲示しなければなりません。前述のように、筆者は2018年度まで神奈川県の介護サービス情報公表の主任調査員として、多くの介護事業所・施設を訪問してきましたが、訪問調査で最初に確認するのが運営規程の掲示です。

掲示はあってもその内容が少し古い運営規程を見かけることもありました。少なくとも３年に一度の介護報酬改定や５年に一度の制度改正が行われた時には、運営規程を見直し、改訂する必要があります。同時に重要事項説明書の内容も改訂しなければなりません。

運営規定（第100条）の標準確認項目は次の１つだけです。

**【標準確認項目】運営における以下の重要事項について定めて
　　　　　　　　いるか**

運営基準にも同様の内容が記載されていますので、念のため確認しておきましょう。運営規程で定めておくべき10項目の１つ目は、「**事業の目的及び運営の方針**」です。

> （運営規程）
> 第百条　指定通所介護事業者は、指定通所介護事業所ごとに、次に掲げる事業の運営についての重要事項に関する規程（以下この章（第五節を除く。）において「運営規程」という。）を定めておかなければならない。
> 　一　事業の目的及び運営の方針
> 　二　従業者の職種、員数及び職務の内容
> 　三　営業日及び営業時間
> 　四　指定通所介護の利用定員
> 　五　指定通所介護の内容及び利用料その他の費用の額
> 　六　通常の事業の実施地域
> 　七　サービス利用に当たっての留意事項
> 　八　緊急時等における対応方法
> 　九　非常災害対策
> 　十　その他運営に関する重要事項

　例えば、通所介護以外に予防専門型通所サービスを一体的に提供している場合の「事業の目的」と「運営の方針」は以下のようになります。

> （事業の目的）
> 　○○法人○○が開設する○○デイサービスセンター（以下「事業所」という。）が行う指定通所介護及び予防専門型通所サービスの事業（以下「事業」という。）の適正な運営を確保するために人員及び管理運営に関する事項を定め、事業所の生活相談員、看護職員、機能訓練指導員及び介護職員（以下「生活相談員等」という。）が、要介護状態及び要支援状態にある高齢者又は事業対象者（以下「要介護者等」という。）に対し、適正な事業を提供することを目的とする。
> （運営の方針）
> 　指定通所介護、予防専門型通所サービスの提供にあたっては、事業所の生活相談員等は、要介護者等が可能な限りその居宅において、自立した日常生活を営むことができるよう、必要な日常生活上の支援及び機能訓練を行うことにより、利用者の心身機能の維持回復を図り、もって利用者の生活機能の維持又は向上を目指すものとする。
> 2　事業の実施に当たっては、関係市町村、いきいき支援センター、居宅介護支援事業者もしくは介護予防支援事業者等、地域の保健・医療・福祉サービスとの綿密な連携を図り、総合的なサービスの提供に努めるものとする。
> 　　　　　　　　　　　　　　　　　　参考：名古屋市「運営規程モデル」

　運営規程で定めておくべき10項目のうち、2から9までの項目は特に難しい内容ではありませんが、気を付けたいのは**重要事項説明書の内容と一**

致していることです。従業者の員数や利用料その他の費用の額が変わる場合には、運営規程と重要事項説明書を同時に改訂しましょう。

最後の「**その他運営に関する重要事項**」とは、どのような項目が考えられるでしょうか。少なくとも以下の項目について記載しておくことが望ましいと考えられます。

①通所介護従事者等の資質向上のための研修に関する事項
②通所介護従業者等に対する定期的な健康診断の実施に関する事項
③通所介護従事者等が知り得た利用者やその家族の秘密の保持に関する事項
④通所介護従事者等であった者に対し、利用者やその家族の秘密を保持させるために、従業者でなくなった後も、これらの秘密を保持するべき旨を、雇用契約の内容に含むことを記載する

標準確認文書の方は「**運営規程**」と「**重要事項説明書**」です。運営規程は、**相談に訪れた利用者やその家族等が見やすい場所に掲示していること**を確認します。運営規程の施行年月日も確認しますので、規程を見直して改訂した年月日を確認します。また、**両者の内容が一致していることも確**認します。

3. 勤務体制の確保等（第101条）

標準確認項目、標準確認文書ともに3つあります。

【標準確認項目】サービス提供は事業所の従業員によって行われているか

従業員とは、通所介護事業所の従業者である生活相談員や看護職員、介護職員を指します。標準確認文書は、常勤、非常勤などの「**雇用の形態（常勤・非常勤）がわかる文書**」ですので、毎月作成している「従業者の勤務の体制及び勤務形態一覧表」や「労働条件通知書」（79ページ参照）などが考えられます。

なお、前述の『「従業者の勤務体制及び勤務形態一覧表」の参考様式の取扱いについて（その2）』（令和2年9月30日）が出されていますので、114ページの最新の様式を再度確認しておきましょう。

【標準確認項目】資質向上のために研修の機会を確保しているか

標準確認文書は、「**研修計画、実施記録**」です。従業者等の資質向上のための研修の機会を確保するには、研修を計画的に行う必要があります。

したがって、**研修計画書**を作成し、研修を実施します。研修を実施した後には「研修実施記録書」を作成します。研修実施記録書とは、研修受講者の個々の「研修受講報告書」や「研修の感想文」のようなものではなく、**管理者が事業所の記録として作成するもの**です。

【標準確認項目】勤務表の記載内容は適切か

標準確認文書は「**勤務実績表（勤務実績が確認できるもの）**」です。

他のサービスでは、この標準確認項目はありません。それだけ勤怠管理に関する不備や不明点が多いという見方をしているとも受け止められます。標準確認文書に「勤務実績表（勤務実績が確認できるもの）」とありますので、タイムカードや出勤簿などが該当します。また、「従業者の勤務の体制及び勤務形態一覧表」により、詳しく確認することも考えられます。

なお、運営基準第101条（勤務体制の確保等）については、事業所全体で十分に理解するよう努めましょう。

（勤務体制の確保等）
第百一条 指定通所介護事業者は、利用者に対し適切な指定通所介護を提供できるよう、指定通所介護事業所ごとに従業者の勤務の体制を定めておかなければならない。
2 指定通所介護事業者は、指定通所介護事業所ごとに、当該指定通所介護事業所の従業者によって指定通所介護を提供しなければならない。ただし、利用者の処遇に直接影響を及ぼさない業務については、この限りでない。
3 指定通所介護事業者は、通所介護従業者の資質の向上のために、その研修の機会を確保しなければならない。

---

4. 定員の遵守（第102条）

【標準確認項目】利用定員を上回っていないか

標準確認文書は、「**業務日誌**」と「**国保連への請求書控え**」の2つです。この2つを**過去1年分程度確認する**ものと考えられます。

5. 非常災害対策（第103条）

　近年、記録的大雨による水害や広域大地震による被災が多発しています。そうした観点から非常災害対策は増々重要視されています。

【標準確認項目】非常災害（火災、風水害、地震等）対応に係るマニュアルがあるか

　標準確認文書にも「非常災害時対応マニュアル（対応計画）」とあり、いかに非常災害への対応が重要かを物語っています。マニュアルには対応手順や対応方法の記載だけでなく、（対応計画）と明記していることから、より具体的で実行可能な計画が含まれるものが想定されます。

【標準確認項目】非常災害時の連絡網等は用意されているか

　標準確認文書は「通報、連絡体制」です。非常災害時に通報する関係機関の一覧表を作成し、事務所内に掲示したり、電話機のそばに設置したりしましょう。

【標準確認項目】防火管理に関する責任者を定めているか

　標準確認文書である「運営規程」により確認します。通所介護事業所の運営規程には、必ず「非常災害対策」という条項が定められています。それには「事業所は、防火管理についての責任者を定め、非常災害に関する防災計画を作成し、非常災害に備えるため、定期的に避難・救出訓練等を行う。」とされているはずですから、これを確認します。

　なお、防火講習を受け効果測定後に交付された**修了証**を確認する可能性がありますので、提示できるようにしておきましょう。

【標準確認項目】消火・避難訓練を実施しているか

　標準確認文書には「避難訓練の記録」、「消防署への届出」とあります。

　消防署の指導のもと、**避難訓練を行った記録**を確認します。

非常災害対策に関しては、「介護サービス情報の公表」制度における調査票（運営情報）に、確認のための材料が4項目あります。実地指導担当者は公表内容を事前に確認し、非常災害対策について把握していますので、**非常災害対策が事業所運営の仕組みとして機能していること**が重要です。

小項目	確認事項	確認のための材料
28 安全管理及び衛生管理のための取組の状況	52 非常災害時に対応するための仕組みがある。	74 非常災害時の対応手順、役割分担等について定められたマニュアル等がある。
		75 非常災害時に通報する関係機関の一覧表等がある。
		76 非常災害時の対応に関する研修の実施記録がある。
		77 非常災害時の避難、救出等に関する訓練の実施記録がある。

出典：神奈川県介護サービス情報公表センターホームページより抜粋

なお、運営基準第103条（非常災害対策）については、介護職員等を含む事業所全体で十分に理解するよう努めましょう。

（非常災害対策）
第百三条　指定通所介護事業者は、非常災害に関する具体的計画を立て、非常災害時の関係機関への通報及び連携体制を整備し、それらを定期的に従業者に周知するとともに、定期的に避難、救出その他必要な訓練を行わなければならない。

6. 秘密保持等（第33条）

前述の運営基準第105条（準用）に従い、訪問介護の「2.秘密保持等（第33条）」（101ページ）を読み替えて参照してください。

7. 広告（第34条）

前述の運営基準第105条（準用）に従い、訪問介護の「3.広告（第34条）」（101ページ）を読み替えて参照してください。

8. 苦情処理（第36条）

前述の運営基準第105条（準用）に従い、訪問介護の「4.苦情処理（第36条）」（102ページ）を読み替えて参照してください。

9. 事故発生時の対応（第104条の2）

【標準確認項目】事故が発生した場合の対応方法は定まっているか

標準確認文書の欄には「**事故対応マニュアル**」とあり、実地指導担当者は「対応方法は定まっているか」という観点で、マニュアルの内容を確認します。事故対応マニュアルは、ただあればよいわけではなく、「もしもの時」にマニュアル通りに速やかに対応できなければなりません。事故には至らなくても見過ごせない状況があった場合には、**ヒヤリハット報告書**（108ページ参照）にまとめ、事業所内で情報共有します。その後、事故対応マニュアルを改訂、変更したりすることになります。

なぜなら、ヒヤリハット報告書などの内容を精査し、その原因を特定した結果、事故発生時を想定した対応方法を一部修正、変更したりする必要があるからです。必ずしも完璧なマニュアルはありませんので、常に変更や改訂を伴うという前提で事故対応マニュアルを取り扱い、活用している様子が、実地指導担当者に伝わることは非常に重要です。

【標準確認項目】市町村、家族、介護支援専門員に報告しているか

残念ながら、デイサービスや介護施設は利用者が転倒したり、食べ物を喉に詰まらせたりする事故が発生しやすいところです。

利用者のけがなどで医療機関を受診した場合には、保険者である市町村に速やかに報告する必要があります。報告の記録は必ず保管しておきます。家族や担当の介護支援専門員にも報告し、報告した事実を記録に残します。

なお、市町村（保険者）への事故報告取扱いについては、「介護保険サービス等に関わる事故報告取扱要領」（品川区）を参考に、**どのような場合に市町村に報告すべきか**を確認しておきましょう（106ページ参照）。

ここでは、標準確認文書として「**市町村、家族、介護支援専門員への報**

告記録」とありますので、口頭による報告だけでなく、**書面として作成された「事故報告書」を想定している**と考えられます。

【標準確認項目】事故状況、対応経過が記録されているか

前述の標準確認文書「市町村、家族、介護支援専門員への報告記録」と関連する重要な記録です。事故発生直後に事故の状況について、当事者から正確な情報を収集し、**事故の全体像や直接的原因を把握して客観的な事実のみを記録**します。また、事故発生時には「事故対応マニュアル」に沿って速やかに適切に対応し、逐次、**対応経過を記録**しておきましょう。

【標準確認項目】損害賠償すべき事故が発生した場合に、速やかに賠償を行うための対策を講じているか

損害賠償が必要な事故に関する詳細は、「事故発生対応マニュアル」などに記載されている場合が多く、日頃から損害賠償すべき事故とはどういうものか、研修等を通じて十分に理解しておきましょう。

特に損害賠償責任保険に加入している保険会社の協力を得て、損害賠償に関する知識や事例を学習することも必要です。

【標準確認項目】再発防止のための取組を行っているか

標準確認文書には「再発防止策の検討の記録」があります。事故が発生した場合には、事故の大小に限らず事故原因の究明を徹底し、必ず再発防止のための取組を行っていることを確認します。具体的には、事故原因となったサービス提供の方法や業務手順の見直し、改善策等を話し合い、取り決めのための会議等を開催し、その記録を残します。次に新たな手順書や改訂したマニュアルなどを事業所内に周知します。

なお、幸いにして事故がなかったとしても、再発防止のための取組が行えるよう、**「事故発生及び再発防止マニュアル」**として、「再発防止」を含めた一体的なマニュアルとすることが望ましいでしょう。

標準確認文書の最後にある**「ヒヤリハットの記録」**については、記録の件数がゼロということがないように、個々の従業者が積極的にヒヤリハットに相当する経験を報告する意識を高めましょう。

なお、運営基準第104条の2（事故発生時の対応）ついては、事業所全体

で十分に理解するよう努めましょう。

（事故発生時の対応）
第百四条の二　指定通所介護事業者は、利用者に対する指定通所介護の提供により事故が発生した場合は、市町村、当該利用者の家族、当該利用者に係る居宅介護支援事業者等に連絡を行うとともに、必要な措置を講じなければならない。
2　指定通所介護事業者は、前項の事故の状況及び事故に際して採った処置について記録しなければならない。
3　指定通所介護事業者は、利用者に対する指定通所介護の提供により賠償すべき事故が発生した場合は、損害賠償を速やかに行わなければならない。
4　指定通所介護事業者は、第九十五条第四項の指定通所介護以外のサービスの提供により事故が発生した場合は、第一項及び第二項の規定に準じた必要な措置を講じなければならない。

第 **6** 章

居宅介護支援の
標準確認項目と
標準確認文書

居宅介護支援の標準確認項目と標準確認文書をチェックする

1. 居宅介護支援事業所特有の項目もある

居宅介護支援事業所には介護支援専門員が所属しています。

ケアプランを作成し、サービス利用者と居宅介護サービス事業者との間の連絡調整を担う居宅介護支援事業所には、特有の確認項目もあります。

運営に関する標準確認項目、標準確認文書は、これまでの実地指導で確認されていた帳票類、記録類などの文書の数よりも減りましたが、指導で確認するポイント（確認項目）が少し変わった点もあります。項目ごとに解説していきます。

標準確認項目は「指定居宅介護支援等の事業の人員及び運営に関する基準」（平成11年厚生省令第38号）に基づいて構成されていますので、これまで以上に「運営基準」を正しく理解しておくことが求められます。

●居宅介護支援事業所の管理者要件の経過措置の延長

2018年度の介護報酬改定時に、居宅介護支援事業所の管理者について、2021年度より主任ケアマネジャーであることが要件とされましたが、適用を3年間（2021年3月31日まで）猶予する経過措置がありました。

これが2020年6月の改正により、「2021年3月31日時点で主任ケアマネジャーでない者が管理者である居宅介護支援事業所」については、当該管理者が管理者である限り、2027（令和9）年3月31日まで6年間、経過措置が延長されました。また、2021年4月1日以降、急な退職などの不測の事態により、主任ケアマネジャーを管理者とできなくなった事業所については、当該事業所がその理由と改善に係る計画書を保険者に届け出た場合、要件適用を1年間猶予すること等の配慮措置があります。

		標準確認項目	標準確認文書	頁
人員	従業者の員数 （第2条）	・利用者に対し、職員数は適切であるか ・必要な資格は有しているか ・専門員証の有効期限は切れていないか	・勤務実績表／タイムカード ・勤務体制一覧表 ・従業員の資格証	139
	管理者 （第3条）	・管理者は常勤専従か、他の職務を兼務している場合、兼務体制は適切か	・管理者の雇用形態が分かる文書 ・管理者の勤務実績表／タイムカード	140
運営	内容及び手続の説明及び同意 （第4条）	・利用者又はその家族への説明と同意の手続きを取っているか ・重要事項説明書の内容に不備等はないか	・重要事項説明書 ・利用契約書（利用者又は家族の署名、捺印）	141
	受給資格等の確認 （第7条）	・被保険者資格、要介護認定の有無、要介護認定の有効期限を確認しているか	・介護保険番号、有効期限等を確認している記録等	142
	指定居宅介護支援の具体的取扱方針 （第13条）	・利用者の希望やアセスメントに基づき、介護保険サービス以外のサービス、支援を含めた総合的な居宅サービス計画を立てているか ・集合住宅等において、利用者の意思に反し、同一敷地内の指定居宅サービス事業者のみを居宅サービス計画に位置付けていないか ・サービス担当者会議を開催し、利用者の状況等に関する情報を担当者と共有し、担当者からの専門的な見地からの意見を求めているか ・定期的にモニタリングを行っているか ・利用者及び担当者への説明・同意・交付をおこなっているか ・担当者から個別サービス計画の提供を受けているか（整合性の確認）	・アセスメントシート ・サービス担当者会議の記録 ・居宅サービス計画 ・支援経過記録等 ・モニタリングの記録 ・個別サービス計画	143
	運営規程 （第18条）	・運営における以下の重要事項について定めているか 　1. 事業の目的及び運営の方針 　2. 従業者の職種、員数及び職務の内容 　3. 営業日及び営業時間 　4. 指定居宅介護支援の提供方法、内容及び利用料、その他の費用の額 　5. 通常の事業の実施地域 　6. その他運営に関する重要事項	・運営規程	148

第6章 居宅介護支援の標準確認項目と標準確認文書

運営	勤務休制の確保 （第19条）	・サービス提供は事業所の従業員によって行われているか ・資質向上のために研修の機会を確保しているか	・雇用の形態（常勤・非常勤）がわかる文書 ・研修計画、実施記録	150
	秘密保持等 （第23条）	・個人情報の利用に当たり、利用者及び家族から同意を得ているか ・退職者を含む、従業員が利用者の秘密を保持することを誓約しているか	・個人情報同意書 ・従業員の秘密保持誓約書	151
	広告 （第24条）	・広告は虚偽又は誇大となっていないか	・パンフレット／チラシ	151
	苦情処理 （第26条）	・苦情受付の窓口があるか ・苦情の受付、内容等を記録、保管しているか ・苦情の内容を踏まえたサービスの質向上の取組を行っているか	・苦情の受付簿 ・苦情者への対応記録 ・苦情対応マニュアル	152
	事故発生時の対応 （第27条）	・事故が発生した場合の対応方法は定まっているか ・市町村、家族に報告しているか ・事故状況、対応経過が記録されているか ・損害賠償すべき事故が発生した場合に、速やかに賠償を行うための対策を講じているか ・再発防止のための取組を行っているか	・事故対応マニュアル ・市町村、家族等への報告記録 ・再発防止策の検討の記録	153

注)（ ）は指定居宅介護支援等の事業の人員及び運営に関する基準（平成11年厚生省令第38号）の該当条項

居宅介護支援「人員」の標準確認項目と標準確認文書

1. 従業者の員数（第2条）

【標準確認項目】利用者に対し、職員数は適切であるか

　利用者数に対して、介護支援専門員の員数が適切であるかどうかを確認します。実地指導担当者は標準確認文書の欄にある「**勤務実績表／タイムカード**」、「**勤務体制一覧表**」などを確認します。

　勤務体制一覧表とは、「従業者の勤務の体制及び勤務形態一覧表」のことです（73ページ参照）。管理者は、この一覧表を毎月必ず作成することにより、勤務体制を管理していることになります。

【標準確認項目】必要な資格は有しているか

　標準確認文書の欄に「**従業員の資格証**」とあります。居宅介護支援事業所では、従業者である介護支援専門員の取得資格について、予め取得資格を確認し、個々の資格取得証明証（書）や研修等の修了証などの複写（コピー）を保管しています。

　しかし、個々の従業者の取得資格を、いつ誰が確認したのかわからない事例が多く見られます。採用時には、管理者が必ず取得資格証明書や研修修了証の原本を確認した上でコピーを取り複写物を保管します。その他の注意事項は訪問介護と同じですので、77ページを参照してください。

【標準確認項目】専門員証の有効期限は切れていないか

　介護支援専門員の有効期間は**5年**です。介護支援専門員証には、交付年月日と有効期間満了日が記載されていますので、管理者は各介護支援専門員の有効期間満了日等を把握し管理しなければなりません。

【標準確認項目】管理者は常勤専従か、他の職務を兼務している場合、兼務体制は適切か

標準確認文書は「**管理者の雇用形態が分かる文書**」と「**管理者の勤務実績表／タイムカード**」です。

居宅介護支援事業所の管理者が、併設する通所介護や訪問介護などの管理者を兼務する例も多いですが、サ高住等の施設管理も行っている場合があり、兼務の状況については詳しく確認される傾向があります。

「雇用形態が分かる文書」とは、**労働条件通知書**や**労働契約書**などが該当します。労働条件通知書には、被雇用者たる管理者の職務ができる限り詳しく記載されていることが望ましく、職務内容や職位が変更される場合には、新たに労働契約書を交わすか、職務や役職を記載した辞令を発令したり、確認書や覚書等で双方が確認したりした記録を保管しておきます。

実地指導担当者は、**労働条件通知書や労働契約書などから管理者が常勤かどうかや専従かどうかを確認**します。他の業務を兼務している場合には、兼務している職務内容が具体的にわかるようにしておきましょう。

（従業者の員数）

第二条 指定居宅介護支援事業者は、当該指定に係る事業所（以下「指定居宅介護支援事業所」という。）ごとに一以上の員数の指定居宅介護支援の提供に当たる介護支援専門員であって常勤であるものを置かなければならない。

2 前項に規定する員数の基準は、利用者の数が三十五又はその端数を増すごとに一とする。

（管理者）

第三条 指定居宅介護支援事業者は、指定居宅介護支援事業所ごとに常勤の管理者を置かなければならない。

2 前項に規定する管理者は、介護保険法施行規則（平成十一年厚生省令第三十六号）第百四十条の六十六第一号イ（3）に規定する主任介護支援専門員でなければならない。

3 第一項に規定する管理者は、専らその職務に従事する者でなければならない。ただし、次に掲げる場合は、この限りでない。

一 管理者がその管理する指定居宅介護支援事業所の介護支援専門員の職務に従事する場合

二 管理者が同一敷地内にある他の事業所の職務に従事する場合（その管理する指定居宅介護支援事業所の管理に支障がない場合に限る。）

居宅介護支援「運営」の標準確認項目と標準確認文書①

「運営」の対象となる条文は、全部で9項目、標準確認項目は23、標準確認文書は21（重複を含む）となります。

1. 内容及び手続の説明及び同意（第4条）

【標準確認項目】利用者又はその家族への説明と同意の手続きを取っているか

標準確認文書は、「**重要事項説明書**」と「**利用契約書（利用者又は家族の署名、捺印）**」です。従来の実地指導でも必ず提示を求められ確認されていますが、実地指導担当者の見るポイントが変わる可能性があります。

日付や署名捺印を確認するだけでなく、説明と同意の手続きの成否を確認し判断するのではないかと考えられます。説明にはどのくらいの時間がかかったか、利用者や家族から何か質問や不明な点を聞かれていないか、そうしたやり取りを「**介護支援経過記録**」に記載しておきましょう。

【標準確認項目】重要事項説明書の内容に不備等はないか

これまでは重要事項説明書の内容について踏み込んだ確認をしてこなかった実地指導担当者も、多かったのではないでしょうか。これからは利用契約書より重要事項説明書の内容の方が重要であるという認識が標準化されると考えられますので、その内容を十分に見直しておきましょう。

見直しの前に、運営基準第4条（内容及び手続の説明及び同意）の記載内容を十分に理解しておく必要があります。

また、介護支援専門員に求められる「利用者への説明責任」として、利用者に必ず伝えるべきことが3項目あります。これを重要事項説明書に明記しておきましょう。特に②と③を怠っていると、減算の対象になります。

①入院時には、担当介護支援専門員の氏名や連絡先等を入院先医療機関につたえて
　もらうこと
②利用する介護サービスについて、介護支援専門員に「複数の事業所の紹介」を求
　めることができること
③その事業所をケアプランに位置付けた理由について、介護支援専門員に説明を求
　めることができること

　運営基準第4条は、事業所運営の仕組みに関わる基本的な内容ですので、
事業所全体で十分に理解するよう努めましょう。

（内容及び手続の説明及び同意）
第四条　指定居宅介護支援事業者は、指定居宅介護支援の提供の開始に際し、あらかじ
　め、利用申込者又はその家族に対し、第十八条に規定する運営規程の概要その他の利
　用申込者のサービスの選択に資すると認められる重要事項を記した文書を交付して説
　明を行い、当該提供の開始について利用申込者の同意を得なければならない。
　　　　　　　　　　　　　　　　　　　　　　　　　　　　　（第2項以下省略）

2. 受給資格等の確認（第7条）

【標準確認項目】被保険者資格、要介護認定の有無、要介護認定の有効期限を確認しているか

　これも「運営基準」の記載内容と全く同じです。標準確認文書では「**介
護保険番号、有効期限等を確認している記録等**」とあり、「**介護支援経過記
録**」などの記載内容を確認すると考えられます。また、利用者から提示さ
れた被保険者証により被保険者であることや要介護認定の有効期間を確認
し、事業所が被保険者証の写しを保管していることも確認します。

　受給者資格等の正しい確認方法とは、**介護支援専門員が利用者から直接、
被保険者証の提示を受け、その複写物（コピー）を保管すること**です。利
用者の家族等から複写物を受け取ることがないように注意しましょう。

　被保険者証の写し（コピー）には、必ず確認した担当介護支援専門員が
押印し確認した日付を記載すれば、これで完璧です。さらに、「介護保険番

号、有効期限、確認済み」という一文が入っていれば、記録としても十分に管理していることがわかります（84ページ参照）。

3. 指定居宅介護支援の具体的取扱方針（第13条）

　標準確認項目、標準確認文書ともに6項目あり、最も重要と言えます。

　運営基準第13条は相当の長文ですので全文は掲載しませんが、必要に応じ標準確認項目に該当する条文だけを掲載します。

【標準確認項目】利用者の希望やアセスメントに基づき、介護保険サービス以外のサービス、支援を含めた総合的な居宅サービス計画を立てているか

　介護保険外サービスを位置付けている利用者のケアプランを確認します。利用者や家族の希望に十分に応えられるよう、日常的に地域の社会資源である身近なサービスに関心を持ち、最新の情報を収集しておきましょう。

　運営基準の第13条第4項を参照してください。

> 四　介護支援専門員は、居宅サービス計画の作成に当たっては、利用者の日常生活全般を支援する観点から、介護給付等対象サービス（法第二十四条第二項に規定する介護給付等対象サービスをいう。以下同じ。）以外の保健医療サービス又は福祉サービス、当該地域の住民による自発的な活動によるサービス等の利用も含めて居宅サービス計画上に位置付けるよう努めなければならない。

【標準確認項目】集合住宅等において、利用者の意思に反し、同一敷地内の指定居宅サービス事業者のみを居宅サービス計画に位置付けていないか

　この項目は、従来こうした事例が多いことを踏まえケアプランを確認するものと考えられます。特にサ高住等に併設または隣接している居宅介護支援事業所の場合には、**サービス事業者の選定について公正中立なケアマネジメントの実施の状況を詳細に確認する**傾向があります。

　標準確認文書は、「**アセスメントシート**」です。利用者や家族の希望を十分に聴取していることがわかる記録を確認します。運営基準第13条第5項を参照してください。

> 五　介護支援専門員は、居宅サービス計画の作成の開始に当たっては、利用者によるサービスの選択に資するよう、当該地域における指定居宅サービス事業者等に関するサービスの内容、利用料等の情報を適正に利用者又はその家族に対して提供するものとする。

　なお、「介護サービス情報の公表」制度における調査票（運営情報）にもサービス事業者の選定等に関する項目があり、参考になります。

小項目	確認事項	確認のための材料
2　利用者本位の介護サービスの質の確保のために講じている措置	8　公正・中立な当該サービスのための取組の状況	18　居宅サービス計画の作成に当たってのサービス事業者の選択については、利用者又はその家族の希望を踏まえつつ、公正中立に行うことを明文化している。
		19　契約書又は重要事項説明書に、サービス事業者の選定又は推薦に当たり、介護支援専門員は、利用者又はその家族の希望を踏まえつつ、公正中立に行うことを明文化している。

出典：神奈川県介護サービス情報公表センターホームページより一部抜粋

【標準確認項目】サービス担当者会議を開催し、利用者の状況等に関する情報を担当者と共有し、担当者からの専門的な見地からの意見を求めているか

　標準確認文書として、「**サービス担当者会議の記録**」、「**居宅サービス計画**」、「**支援経過記録等**」とあり、居宅サービス計画第4表「**サービス担当者会議の要点**」や第5表「**介護支援経過記録**」などを確認します。特に「担当者からの専門的な見地からの意見を求めているか」という点が重要です。

> 九　介護支援専門員は、サービス担当者会議（介護支援専門員が居宅サービス計画の作成のために、利用者及びその家族の参加を基本としつつ、居宅サービス計画の原案に位置付けた指定居宅サービス等の担当者（以下この条において「担当者」という。）を召集して行う会議をいう。以下同じ。）の開催により、利用者の状況等に関する情報を担当者と共有するとともに、当該居宅サービス計画の原案の内容について、担当者から、専門的な見地からの意見を求めるものとする。ただし、利用者（末期の悪性腫瘍の患者に限る。）の心身の状況等により、主治の医師又は歯科医師（以下この条において「主治の医師等」という。）の意見を勘案して必要と認める場合その他のやむを得ない理由がある場合については、担当者に対する照会等により意見を求めることができるものとする。

実際の会議では様々な意見や提案があったにもかかわらず、記録に残していないということがないように、意識して担当者の意見等を聴取し記録しましょう。前ページの運営基準第13条第9項を参照してください。

【標準確認項目】定期的にモニタリングを行っているか

定期的なモニタリングについては、第5表「介護支援経過記録」で確認するでしょう。標準確認文書には「**モニタリングの記録**」もありますので、両方を確認すると考えられます。

介護支援経過記録には、モニタリングを行った日時やその概要を記録し、詳細はモニタリング記録にまとめるという方法がよいでしょう。

●5W1H（情報整理・報告・連絡など）

When いつ　　Where どこで　　Who 誰が　　What 何を　　Why なぜ
How どのように

記録量が多くなり読みにくくならないよう、書き方の基本として5W1Hで書くようにします。運営基準第13条第14項を参照してください。

> 十四　介護支援専門員は、第十三号に規定する実施状況の把握（以下「モニタリング」という。）に当たっては、利用者及びその家族、指定居宅サービス事業者等との連絡を継続的に行うこととし、特段の事情のない限り、次に定めるところにより行わなければならない。
> イ　少なくとも一月に一回、利用者の居宅を訪問し、利用者に面接すること。
> ロ　少なくとも一月に一回、モニタリングの結果を記録すること。

【標準確認項目】利用者及び担当者への説明・同意・交付を行っているか

運営基準第13条第2項では、居宅介護支援サービスの提供に当たっては、懇切丁寧に行うこと、利用者や家族に対し、サービスの提供方法等について理解しやすいように説明することを求めています。特に作成したケアプランの説明、同意、交付については、介護支援経過記録に記載します。

また、サービス担当者に対しても、ケアプランの内容について必要な説明を行います。

運営基準第13条第10項・11項を参照してください。

十　介護支援専門員は、居宅サービス計画の原案に位置付けた指定居宅サービス等について、保険給付の対象となるかどうかを区分した上で、当該居宅サービス計画の原案の内容について利用者又はその家族に対して説明し、文書により利用者の同意を得なければならない。
十一　介護支援専門員は、居宅サービス計画を作成した際には、当該居宅サービス計画を利用者及び担当者に交付しなければならない。

【標準確認項目】担当者から個別サービス計画の提供を受けているか（整合性の確認）

「担当者から個別サービス計画の提供を受けているか」の後の「整合性の確認」に注目しましょう。

ケアプランに位置付けた居宅サービスについて、事業者（担当者）がケアプランに沿って作成した訪問介護等の**「個別サービス計画書」**（標準確認文書）の提出を求め、その整合性が確認されます。

個別サービス計画書の介護目標が、ケアプランの短期目標の文言をそのまま転記していることで整合性が担保されるわけではありません。ケアプラン第1表にある「利用者及び家族の生活に対する意向」や「総合的な援助方針」、第2表の「生活全般の解決すべき課題（ニーズ）」などを踏まえて作成されていることを確認します。

運営基準第13条第12項を参照してください。

十二　介護支援専門員は、居宅サービス計画に位置付けた指定居宅サービス事業者等に対して、訪問介護計画（指定居宅サービス等の事業の人員、設備及び運営に関する基準（平成十一年厚生省令第三十七号。以下「指定居宅サービス等基準」という。）第二十四条第一項に規定する訪問介護計画をいう。）等指定居宅サービス等基準において位置付けられている計画の提出を求めるものとする。

なお、「介護サービス情報の公表」制度における調査票（運営情報）にも、各サービス事業者等との連携により、個別サービス計画の把握に関する項目がありますので、参考にしてください。

　実地指導担当者は、介護サービス情報の公表内容を閲覧していますので、ケアプランに位置付けた個別サービス計画の把握が事業所運営の仕組みとして機能していることが重要です。

中項目	小項目	確認事項	確認のための材料
5　介護サービスの質の確保、透明性の確保等のために実施している外部の者等との連携	12　他の介護サービス事業者等との連携の状況	24　各サービス事業者が作成する個別サービス計画を把握している。	26　各サービス事業所の個別サービス計画がある。
		25　1か月に1回以上、居宅サービスの実施状況について把握している。	27　サービス担当者に対する照会（依頼）内容等に、月1回以上、サービス提供事業者から居宅サービスの実施状況を確認した記録がある。

出典：神奈川県介護サービス情報公表センターホームページより一部抜粋

居宅介護支援「運営」の標準確認項目と標準確認文書②

1. 運営規程（第18条）

　運営規程は最新のものを掲示しましょう。内容が少し古い運営規程を見かけることがありますが、3年に一度の介護報酬改定や5年に一度の制度改正あるいは従業者の増減があった時などには、運営規程を見直し改訂する必要があります。重要事項説明書の内容も同様に改訂します。

【標準確認項目】運営における以下の重要事項について定めているか

　「以下の重要事項」とは、その下にある6項目のことで、運営基準第18条にも同様の内容が記載されています。

　運営規程で定めておくべき6項目の1つ目は、「事業の目的及び運営の方針」です。運営規程を見直す際には、次ページの「事業の目的」と「運営の方針」のモデル例を参考にしてください。

> （運営規程）
> 第十八条　指定居宅介護支援事業者は、指定居宅介護支援事業所ごとに、次に掲げる事業の運営についての重要事項に関する規程（以下「運営規程」という。）として次に掲げる事項を定めるものとする。
> 　一　事業の目的及び運営の方針
> 　二　職員の職種、員数及び職務内容
> 　三　営業日及び営業時間
> 　四　指定居宅介護支援の提供方法、内容及び利用料その他の費用の額
> 　五　通常の事業の実施地域
> 　六　その他運営に関する重要事項

　6つ目の「その他運営に関する重要事項」とは、どのようなものが考えられるでしょうか。少なくとも以下の項目について記載しておくことが望

ましいと考えられます。

---

①介護支援専門員等の資質向上のための研修に関する事項
②通所介護従業者等に対する定期的な健康診断の実施に関する事項
③通所介護従事者等が知り得た利用者やその家族の秘密の保持に関する事項
④通所介護従事者等であった者に対し、利用者やその家族の秘密を保持させるために、従業者でなくなった後も、これらの秘密を保持するべき旨を、雇用契約の内容に含むことを記載する

参考:名古屋市「運営規程モデル」

（事業の目的）
　　○○法人○○が開設する○○居宅介護支援事業所（以下「事業所」という。）が行う指定居宅介護支援の事業（以下「事業」という。）の適正な運営を確保するために人員及び管理運営に関する事項を定め、事業所の介護支援専門員その他の従業者（以下「介護支援専門員等」という。）が、要介護状態にある高齢者に対し、適正な指定居宅介護支援を提供することを目的とする。

（運営の方針）
　　事業所の介護支援専門員は、要介護者等の心身の特性を踏まえて、その有する能力に応じ自立した日常生活を営むことができるように配慮して行う。
　2　事業の実施に当たっては、利用者の心身の状況やその環境に応じて、利用者の意向を尊重し、適切な保健医療サービス及び福祉サービスが、多様な事業者から、総合的かつ効率的に提供されるよう配慮して行う。
　3　事業の実施に当たっては、利用者の意思及び人格を尊重し、特定の種類又は特定の居宅サービス事業者に不当に偏ることのないよう公正中立に行う。
　4　事業の実施に当たっては、関係市町村、地域包括支援センター、他の指定居宅介護支援事業者、介護保険施設等との連携に努める。

　標準確認文書の方は「**運営規程**」のみです。運営規程は、**相談に訪れた利用者やその家族等が見やすい場所に掲示していること**を確認します。特に居宅介護支援事業所の場合は、利用者や家族の相談を受ける機会が多いので、相談室にも掲示しておくとよいでしょう。また、利用者宅へ出向いて初回相談に応じる場合には、配布用の運営規程を作成しておくことにより、「指定居宅介護支援の提供に当たっては、懇切丁寧に行うこと」という運営基準第13条第2項を実践しましょう。

2. 勤務体制の確保（第19条）

【標準確認項目】サービス提供は事業所の従業員によって行われているか

　運営基準第19条第2項に「…当該指定居宅介護支援事業所の介護支援専門員に指定居宅介護支援の業務を担当させなければならない。」と明記されていることから、標準確認項目になったと考えられます。標準確認文書は「**雇用の形態（常勤・非常勤）がわかる文書**」となっており、毎月作成している「従業者の勤務の体制及び勤務形態一覧表」や「労働条件通知書」などが考えられます（74、79ページ参照）。

　管理者は、毎月、「従業者の勤務体制及び勤務形態一覧表」を作成することにより、「勤務体制の確保」を確認し、把握していることになります。

【標準確認項目】資質向上のために研修の機会を確保しているか

　標準確認文書は「**研修計画、実施記録**」です。従業員である介護支援専門員等の資質向上のために必要な研修を計画的に行うには、当然ながら「研修計画書」が必要です。計画書に沿って研修を実施し、管理者が「研修実施記録書」を作成します。

　なお、運営基準第19条（勤務体制の確保等）を事業所全体で十分に理解するよう努めましょう。

（勤務体制の確保）

第十九条　指定居宅介護支援事業者は、利用者に対し適切な指定居宅介護支援を提供できるよう、指定居宅介護支援事業所ごとに介護支援専門員その他の従業者の勤務の体制を定めておかなければならない。

2　指定居宅介護支援事業者は、指定居宅介護支援事業所ごとに、当該指定居宅介護支援事業所の介護支援専門員に指定居宅介護支援の業務を担当させなければならない。ただし、介護支援専門員の補助の業務についてはこの限りでない。

3　指定居宅介護支援事業者は、介護支援専門員の資質の向上のために、その研修の機会を確保しなければならない。

3. 秘密保持等（第23条）

【標準確認項目】個人情報の利用にあたり、利用者及び家族から同意を得ているか

標準確認文書は「**個人情報同意書**」ですが、文書名は「個人情報使用同意書」や「個人情報利用同意書」の方が望ましいでしょう。また、利用者の個人情報と家族の個人情報では、利用の仕方に違いがあるため、それぞれから個人情報の利用（使用）の同意を得ておきましょう。

【標準確認項目】退職者を含む、従業員が利用者の秘密を保持することを誓約しているか

標準確認文書は「**従業員の秘密保持誓約書**」です。介護支援専門員等の従業者の雇用時に、必ず利用者やその家族の秘密を保持することを誓約する一文を含む誓約書の提出を受け、万一退職した場合でもその効力が及ぶことを伝えておきましょう。

（秘密保持）

第二十三条　指定居宅介護支援事業所の介護支援専門員その他の従業者は、正当な理由がなく、その業務上知り得た利用者又はその家族の秘密を漏らしてはならない。

2　指定居宅介護支援事業者は、介護支援専門員その他の従業者であった者が、正当な理由がなく、その業務上知り得た利用者又はその家族の秘密を漏らすことのないよう、必要な措置を講じなければならない。

3　指定居宅介護支援事業者は、サービス担当者会議等において、利用者の個人情報を用いる場合は利用者の同意を、利用者の家族の個人情報を用いる場合は当該家族の同意を、あらかじめ文書により得ておかなければならない。

---

4. 広告（第24条）

【標準確認項目】広告は虚偽または誇大となっていないか

標準確認文書は「**パンフレット/チラシ**」です。

事業所によっては、パンフレットやチラシを作成していない場合もありますが、運営基準は広告自体は認めています。事業所としては、パンフレットやチラシで広告宣伝するだけでなく、潜在的利用者に介護保険制度の

利用を促す活動に役立つものも常備することをお勧めします。

　これらを活用していない事業所の場合には、サービスの利用を検討している要介護者や家族に対し、口頭による説明が多くなります。問い合わせや相談等の際に、無意識に「広告は虚偽または誇大になっていないか」に該当する内容を話していたり、そう受け止められてしまったりする恐れもあります。事業所は自らを守る意味でもパンフレットやチラシが必要です。

　また、最近では多くの介護事業所が**ホームページ**を作成していますので、その場合にはこれも確認の対象になると考えられます。

（広告）
第二十四条　指定居宅介護支援事業者は、指定居宅介護支援事業所について広告をする場合においては、その内容が虚偽又は誇大なものであってはならない。

---

5. 苦情処理（第26条）

【標準確認項目】苦情受付の窓口があるか

　標準確認文書にはありませんが、重要事項説明書等の文書に記載されている苦情の受付窓口の連絡先や担当者名等を確認すると考えられます。

　また、標準確認文書には「**苦情の受付簿**」とあります。事業所が常に苦情を受け付ける体制となっていることを示すために、事業所の誰が、いつ誰から苦情を受け付けたかがわかるように、**苦情受付一覧表**などを用意しておきましょう。

【標準確認項目】苦情の受付、内容等を記録、保管しているか

　標準確認文書は「**苦情者への対応記録**」となります。該当する記録として一般的に多いのは、**苦情対応記録書**または**相談・苦情対応記録書**などと呼ばれるものです。

【標準確認項目】苦情の内容を踏まえたサービスの質向上の取組を行っているか

　標準確認文書にある「**苦情対応マニュアル**」の内容を確認し、サービスの質向上に沿った対応であるかどうかを見極めると考えられます。

苦情処理については、「介護サービス情報の公表」制度における調査票（運営情報）にも、確認のための材料が４項目ありますので参考になります。

実地指導担当者は公表内容を閲覧していますので、相談、苦情の対応が事業所運営の仕組みとして機能していることが重要です。

中項目	小項目	確認事項	確認のための材料
3 相談・苦情等の対応のために講じている措置	9 相談・苦情等の対応のための取組の状況	19 ケアマネジメント及び居宅サービス計画書に位置付けたサービスに対する利用者又はその家族からの相談、苦情等に対応する仕組みがある。	20 重要事項を記した文書等利用者に交付する文書に、相談、苦情等対応窓口及び担当者が明記されている。
			21 相談、苦情等対応に関するマニュアル等がある。
		20 相談、苦情等対応の経過を記録している。	22 相談、苦情等対応に関する記録がある。
		21 相談、苦情等対応の結果について、利用者又はその家族に説明している。	23 利用者又はその家族に対する説明の記録がある。

出典：神奈川県介護サービス情報公表センターホームページより一部抜粋

6. 事故発生時の対応（第27条）

「事故発生時の対応」は標準確認項目が多く、５つあります。

【標準確認項目】事故が発生した場合の対応方法は定まっているか

標準確認文書の欄には**「事故対応マニュアル」**とあり、これを確認すると考えられます。マニュアルの有無ではなく、「対応方法は定まっているか」という観点で内容を確認します。事故対応マニュアルは、あればよいというものではなく、「もしもの時」にマニュアル通りに対応できるようになっていなければなりません。

居宅介護支援事業の場合には、介護支援専門員が直接的に事故発生時に遭遇することは少ないと考えられます。ケアプランに位置づけている居宅サービスを利用中に、利用者が事故に遭う場合を想定したマニュアルである必要があります。事故発生の概要を把握する手順や、当事者であるサービス事業者とともに対応するための手順・連携方法などを含めたマニュアルということです。

【標準確認項目】市町村、家族に報告しているか

　標準確認文書は「市町村、家族等への報告記録」です。市町村への報告には保険者としての事故報告に関する取扱要領がありますので、事前に確認しておきましょう。

【標準確認項目】事故状況、対応経過が記録されているか

　介護支援経過記録には、事故発生の日時やその概要を簡潔に記録し、別に「事故発生対応記録」などを作成し、利用者や家族への書面による報告書として使用することを念頭に記録しておきましょう。

【標準確認項目】損害賠償すべき事故が発生した場合に、速やかに賠償を行うための対策を講じているか

　損害賠償すべき事故とは、相当重大な事故です。しかも居宅介護支援事業所としての損害賠償すべき事故とはどういうものが考えられるか、日頃から調べておく必要があります。

　明らかにケアプランの不備が原因で発生する事故や、サービス担当者との連携不足等によって起きる事故などで損害賠償を求められた場合を想定して、損害賠償責任保険等の仕組みを把握しておきましょう。

【標準確認項目】再発防止のための取組を行っているか

　標準確認文書は「再発防止策の検討の記録」です。

　再発防止策を検討するということは、少なくとも事業所内で管理者が中心となり、そのための会議を開きます。その会議の議事録を確認するものと考えられます。

（事故発生時の対応）

第二十七条　指定居宅介護支援事業者は、利用者に対する指定居宅介護支援の提供により事故が発生した場合には速やかに市町村、利用者の家族等に連絡を行うとともに、必要な措置を講じなければならない。

2　指定居宅介護支援事業者は、前項の事故の状況及び事故に際して採った処置について記録しなければならない。

3　指定居宅介護支援事業者は、利用者に対する指定居宅介護支援の提供により賠償すべき事故が発生した場合には、損害賠償を速やかに行わなければならない。

第 **7** 章

介護老人福祉施設の標準確認項目と標準確認文書

介護老人福祉施設の標準確認項目と標準確認文書をチェックする

1. 介護事業所・施設の中で最も確認項目が多い

　介護老人福祉施設（特別養護老人ホーム）は、要介護高齢者が介護サービスを受けながら生活する居住施設でもあり、事業者側は当然のことながら24時間365日の切れ目のない対応を求められることから、介護事業所・施設の中で最も確認項目が多く、また実施率も最も高くなっています。

　対象となる条文は「人員」と「設備」で1項目ずつ、「運営」が20項目で、計22項目、標準確認項目は56、標準確認文書は57（重複を含む）となります。

　標準確認項目は「**指定介護老人福祉施設の人員、設備及び運営に関する基準**」（平成11年厚生省令第39号）に基づいて構成されていますので、これまで以上に「運営基準」を正しく理解しておくことが求められます。

介護老人福祉施設における標準確認項目と標準確認文書

	標準確認項目		標準確認文書	頁
人員	従業者の員数 （第2条）	・入所者に対し、職員数は適切であるか ・必要な専門職が揃っているか ・専門職は必要な資格を有しているか	・勤務実績表／タイムカード ・勤務体制一覧表 ・従業員の資格証	159
設備	設備 （第3条）	・目的に沿った使用になっているか【目視】	・平面図	161
運営	内容及び手続の説明及び同意 （第4条）	・入所者又はその家族への説明と同意の手続きを取っているか ・重要事項説明書の内容に不備等はないか	・重要事項説明書 ・入所契約書（入所者又は家族の署名、捺印）	162
	受給資格等の確認 （第5条）	・被保険者資格、要介護認定の有無、要介護認定の有効期限を確認しているか	・介護保険番号、有効期限等を確認している記録等	164

運営	入退所 (第7条)	・サービスを受ける必要性が高いと認められる入所申込者を優先的に入所させているか ・入所者の心身の状況、生活歴、病歴等の把握に努めているか ・入所者が居宅において日常生活を営むことができるか、多職種（生活相談員、介護職員、看護職員、介護支援専門員等）で定期的に協議・検討しているか	・アセスメントシート ・モニタリングシート ・施設サービス計画 ・入所検討委員会会議録	165
	サービス提供の記録 (第8条)	・施設サービス計画にある目標を達成するための具体的なサービスの内容が記載されているか ・日々のサービスについて、具体的な内容や入所者の心身の状況等を記録しているか	・サービス提供記録 ・業務日誌 ・モニタリングシート	167
	利用料等の受領 (第9条)	・入所者からの費用徴収は適切に行われているか ・領収書を発行しているか ・医療費控除の記載は適切か	・請求書 ・領収書	168
	指定介護福祉施設サービスの取扱方針 (第11条)	・生命又は身体を保護するため、緊急やむを得ない場合を除き、身体拘束その他入所者の行動を制限する行為を行っていないか ・身体拘束の適正化を図っているか（身体拘束を行わない体制づくりを進める策を講じているか） ・やむを得ず身体拘束をしている場合、家族等に確認をしているか	・身体的拘束廃止に関する（適正化のための）指針 ・身体的拘束の適正化検討委員会名簿 ・身体的拘束の適正化検討委員会議事録 ・（身体拘束がある場合）入所者の記録、家族への確認書	168
	施設サービス計画の作成 (第12条)	・入所者の心身の状況、希望等を踏まえて施設サービス計画が立てられているか ・アセスメントを適切に行っているか ・サービス担当者会議等により専門的意見を聴取しているか ・施設サービス計画を本人や家族に説明し、同意を得ているか ・施設サービス計画に基づいたケアの提供をしているか ・目標の達成状況は記録されているか ・達成状況に基づき、新たな施設サービス計画が立てられているか ・定期的にモニタリングを行っているか	・施設サービス計画（入所者又は家族の署名、捺印） ・アセスメントシート ・サービス提供記録 ・モニタリングシート	171
	介護 (第13条)	・入浴回数は適切か、褥瘡予防体制は整備されているか	・サービス提供記録／業務日誌	174
	入所者の入院期間中の取扱い (第19条)	・概ね3か月以内に退院することが明らかに見込まれるときに適切な便宜を供与しているか	・サービス提供記録／業務日誌	175
	緊急時等の対応 (第20条の2)	・緊急時対応マニュアル等が整備されているか ・緊急事態が発生した場合、速やかに配置医師と連携をとっているか	・緊急時対応マニュアル ・サービス提供記録	175
	管理者による管理 (第21条)	・管理者は常勤専従か、他の職務を兼務している場合、兼務体制は適切か	・管理者の雇用形態が分かる文書 ・管理者の勤務実績表／タイムカード	177
	運営規程 (第23条)	・運営における以下の重要事項について定めているか 　1. 施設の目的及び運営の方針 　2. 従業者の職種、員数及び職務の内容 　3. 入所定員	・運営規程	178

	4. 入所者に対する指定介護福祉施設サービスの内容及び利用料、その他の費用の額 5. 施設の利用に当たっての留意事項 6. 緊急時等における対応方法 7. 非常災害対策 8. その他施設の運営に関する重要事項		
勤務体制の確保等 （第24条）	・サービス提供は施設の従業員によって行われているか ・入所者の処遇に直接影響する業務を委託していないか ・資質向上のために研修の機会を確保しているか	・雇用の形態（常勤・非常勤）がわかる文書 ・研修計画、実施記録	179
定員の遵守 （第25条）	・入所定員を上回っていないか	・業務日誌 ・国保連への請求書控え	180
非常災害対策 （第26条）	・非常災害（火災、風水害、地震等）対応に係るマニュアルがあるか ・非常災害時の連絡網等は用意されているか ・防火管理に関する責任者を定めているか ・消火・避難訓練を実施しているか	・非常災害時対応マニュアル（対応計画） ・運営規程 ・避難訓練の記録 ・通報、連絡体制 ・消防署への届出 ・消防用設備点検の記録	181
衛生管理等 （第27条）	・必要に応じて衛生管理について、保健所の助言、指導を求め、密接な連携を保っているか ・感染症又は食中毒の予防及びまん延の防止のための対策を講じているか ・感染症又は食中毒の予防及びまん延の防止のための対策を検討する委員会を3か月に1回開催しているか ・従業者の日々の感染罹患状況や健康状態を確認しているか	・感染症及び食中毒の予防及びまん延防止のための対策を検討する委員会名簿、委員会の記録 ・感染症及び食中毒の予防及びまん延の防止のための指針 ・感染症及び食中毒の予防及びまん延の防止のための研修の記録	182
秘密保持等 （第30条）	・個人情報の利用に当たり、入所者及び家族から同意を得ているか ・退職者を含む、従業員が入所者の秘密を保持することを誓約しているか	・個人情報同意書 ・従業員の秘密保持誓約書	185
広告 （第31条）	・広告は虚偽又は誇大となっていないか	・パンフレット／チラシ	186
苦情処理 （第33条）	・苦情受付の窓口があるか ・苦情の受付、内容等を記録、保管しているか ・苦情の内容を踏まえたサービスの質向上の取組を行っているか	・苦情の受付簿 ・苦情者への対応記録 ・苦情対応マニュアル	187
事故発生の防止及び発生時の対応 （第35条）	・事故が発生した場合の対応方法は定まっているか ・市町村、家族等に報告しているか ・事故状況、対応経過が記録されているか ・損害賠償すべき事故が発生した場合に、速やかに賠償を行うための対策を講じているか ・再発防止のための取組を行っているか ・事故発生の防止のための委員会及び従業者に対する研修を定期的に行っているか	・事故発生の防止のための指針 ・事故対応マニュアル ・市町村、家族等への報告記録 ・再発防止策の検討の記録 ・ヒヤリハットの記録 ・事故発生防止のための委員会議事録 ・研修の記録	189

注）（　）は指定介護老人福祉施設の人員、設備及び運営に関する基準（平成11年厚生省令第39号）の該当条項

02 指定介護老人福祉施設の人員・設備・運営基準2条・3条

介護老人福祉施設「人員」と「設備」の標準確認項目と標準確認文書

1. 従業者の員数（第2条）

【標準確認項目】入所者に対し、職員数は適切であるか

　ここで確認する標準確認文書は、「勤務実績表／タイムカード」や「勤務体制一覧表」です。ここで言う勤務体制一覧表とは、「**従業者の勤務の体制及び勤務形態一覧表**」のことで、これには個々の職員等の常勤、非常勤の識別ができるように表記されています。

従業者の勤務の体制及び勤務形態一覧表（介護老人福祉施設）抜粋

この一覧表はそれぞれ26サービスの参考様式があります。詳細は「4章訪問介護」の「1.訪問介護員等の員数」（73ページ）を参照してください。

運営基準第2条（従業者の員数）については、施設全体で理解を深めるよう努めましょう。

（従業者の員数）
第二条　法第八十八条第一項の規定による指定介護老人福祉施設に置くべき従業者の員数は、次のとおりとする。ただし、入所定員が四十人を超えない指定介護老人福祉施設にあっては、他の社会福祉施設等の栄養士との連携を図ることにより当該指定介護老人福祉施設の効果的な運営を期待することができる場合であって、入所者の処遇に支障がないときは、第四号の栄養士を置かないことができる。
一　医師　入所者に対し健康管理及び療養上の指導を行うために必要な数
二　生活相談員　入所者の数が百又はその端数を増すごとに一以上
三　介護職員又は看護師若しくは准看護師（以下「看護職員」という。）
　イ　介護職員及び看護職員の総数は、常勤換算方法で、入所者の数が三又はその端数を増すごとに一以上とすること。
　ロ　看護職員の数は、次のとおりとすること。
　　（1）入所者の数が三十を超えない指定介護老人福祉施設にあっては、常勤換算方法で、一以上
　　（2）入所者の数が三十を超えて五十を超えない指定介護老人福祉施設にあっては、常勤換算方法で、二以上
　　（3）入所者の数が五十を超えて百三十を超えない指定介護老人福祉施設にあっては、常勤換算方法で、三以上
　　（4）入所者の数が百三十を超える指定介護老人福祉施設にあっては、常勤換算方法で、三に、入所者の数が百三十を超えて五十又はその端数を増すごとに一を加えて得た数以上
四　栄養士　一以上
五　機能訓練指導員　一以上
六　介護支援専門員　一以上（入所者の数が百又はその端数を増すごとに一を標準とする。）
　　　　　　　　　　　　　　　　　　　　　　　　　　　　　（第2項以下省略）

【標準確認項目】必要な専門職が揃っているか

必要な専門職とは、運営基準に定められた人員基準を満たしていることですので、前述の一覧表により確認します。また、実地指導担当者は、事前に「介護サービス情報の公表」制度による公表情報などで、有資格者の在籍状況から必要な専門職の員数を確認していると考えられます。

【標準確認項目】専門職は必要な資格を有しているか

標準確認文書は「従業員の資格証」です。確認の仕方など、通所介護の場合と同じですので、115ページの「【標準確認項目】専門職は必要な資格を有しているか」を参照してください。

2. 設備（第3条）

【標準確認項目】目的に沿った利用となっているか【目視】

【目視】とは、実地指導担当者が所定の設備や備品等を見て確認します。

標準確認文書の欄に「**平面図**」とあります。施設内の増改築や用途変更等があった場合には、**指定変更届**とともに変更した平面図を届け出ておくことになっています。最新の平面図により確認します。

運営基準の第3条（設備）に従い、居室や機能訓練室（兼食堂）、静養室、相談室及び医務室などの状態を一通り確認します。

「目的に沿った使用となっているか」ということですから、例えば廊下や中廊下に物が置いてあったりして、規定の幅が狭くなっているようなことがないよう注意が必要です。

（設備）
第三条　指定介護老人福祉施設の設備の基準は、次のとおりとする。
　一　居室
　　イ　一の居室の定員は、一人とすること。ただし、入所者への指定介護福祉施設サービスの提供上必要と認められる場合は、二人とすることができる。
　　ロ　入所者一人当たりの床面積は、十・六五平方メートル以上とすること。
　　ハ　ブザー又はこれに代わる設備を設けること。
　二　静養室　介護職員室又は看護職員室に近接して設けること。
　三　浴室　要介護者が入浴するのに適したものとすること。
　四　洗面設備
　　イ　居室のある階ごとに設けること。
　　ロ　要介護者が使用するのに適したものとすること。
　五　便所
　　イ　居室のある階ごとに居室に近接して設けること。
　　ロ　ブザー又はこれに代わる設備を設けるとともに、要介護者が使用するのに適したものとすること。
　六　医務室
　　イ　医療法（昭和二十三年法律第二百五号）第一条の五第二項に規定する診療所とすること。
　　ロ　入所者を診療するために必要な医薬品及び医療機器を備えるほか、必要に応じて臨床検査設備を設けること。
　七　食堂及び機能訓練室
　　イ　それぞれ必要な広さを有するものとし、その合計した面積は、三平方メートルに入所定員を乗じて得た面積以上とすること。ただし、食事の提供又は機能訓練を行う場合において、当該食事の提供又は機能訓練に支障がない広さを確保することができるときは、同一の場所とすることができる。
　　ロ　必要な備品を備えること。
　八　廊下幅一・八メートル以上とすること。ただし、中廊下の幅は、二・七メートル以上とすること。
　九　消火設備その他の非常災害に際して必要な設備を設けること。
　2　前項各号に掲げる設備は、専ら当該指定介護老人福祉施設の用に供するものでなければならない。ただし、入所者の処遇に支障がない場合は、この限りでない。

介護老人福祉施設「運営」の標準確認項目と標準確認文書①

1. 内容及び手続の説明及び同意（第4条）

【標準確認項目】入所者またはその家族への説明と同意の手続きを取っているか

　「説明」とは、入所申込者（契約締結までは「入所申込者」です。）やその家族への重要事項説明書・入所契約書の内容の懇切丁寧な説明であり、「同意の手続き」とは、入所申込者やその家族が説明された内容を理解し、同意した証として署名、捺印をすることです。

　下記は、大阪府枚方市作成の重要事項説明書モデル例の署名欄です。

重要事項説明書の署名捺印欄（枚方市の例）

重要事項説明の年月日

この重要事項説明書の説明年月日	年　　月　　日

上記の内容について、「枚方市指定介護老人保健施設の人員、施設及び設備並びに運営に関する基準を定める条例（平成25年枚方市条例第51号）」の規定に基づき、利用者に説明を行いました。

事業者	所 在 地	
	法 人 名	
	代 表 者 名	印
	事 業 所 名	
	説 明 者 氏 名	印

上記内容の説明を事業者から確かに受け、内容について同意し、重要事項説明書の交付を受けました。

利用者	住 所	
	氏 名	印

私は、入所者が指定介護老人保健施設のサービスについて、本書面に基づいて施設から重要事項の説明を受け、内容について同意したことを確認しましたので、私がその署名を代行します

代理人	住 所	
	氏 名	続柄（　　）印

出典：大阪府枚方市「特別養護老人ホーム モデル重要事項説明書」

入居申込者と家族の署名、捺印の欄は、前ページのようになっていると
よいでしょう。

実地指導において説明と同意の手続きの実施状況を確認する目的は、契
約上の不平等が生じないよう、施設側が重要事項や契約内容の情報の非対
称性を是正する措置を取っていることを確認するためです。

標準確認文書は「**重要事項説明書**」と「**入所契約書（入所者又は家族の
署名、捺印）**」です。特に重要事項説明書は、**説明した施設側の担当者名や
説明した日付が記載されていること**が望ましいでしょう。

また、「上記の内容につき、利用申込者及びその代理人に説明を行いまし
た。」という旨の一文が入ることにより、説明と同意の手続きが行われてい
ると判断できます。

【標準確認項目】重要事項説明書の内容に不備等はないか

入所契約を交わす前に重要事項説明書の内容を説明し、入所申込者やそ
の家族の同意を得て、１通を交付します。その**重要事項説明書の内容に不
備等がないか**を確認します。

**入所契約書との整合性については、これまで以上に詳細に確認すると思
われます。**前述の入所申込者とその家族の署名、捺印については、代理人
の解釈や理解が曖昧な重要事項説明書を見かけることがありますので、十
分に精査しておきましょう。

また、施設内に掲示している運営規程の内容と重要事項説明書の内容に
相違がないよう、見直し・更新の際は両者を同時に行いましょう。

（内容及び手続の説明及び同意）
第四条 指定介護老人福祉施設は、指定介護福祉施設サービスの提供の開始に際しては、
あらかじめ、入所申込者又はその家族に対し、第二十三条に規定する運営規程の概要、
従業者の勤務の体制その他の入所申込者のサービスの選択に資すると認められる重要
事項を記した文書を交付して説明を行い、当該提供の開始について入所申込者の同意
を得なければならない。

（第２項以下省略）

2.受給資格等の確認（第5条）

まず運営基準第5条の記載内容を見ておきましょう。

> （受給資格等の確認）
> 第五条　指定介護老人福祉施設は、指定介護福祉施設サービスの提供を求められた場合は、その者の提示する被保険者証によって、被保険者資格、要介護認定の有無及び要介護認定の有効期間を確かめなければならない。
> 2　指定介護老人福祉施設は、前項の被保険者証に法第七十三条第二項に規定する認定審査会意見が記載されているときは、当該認定審査会意見に配慮して、指定介護福祉施設サービスを提供するように努めなければならない。

　第1項では、被保険者証により、①被保険者資格、②要介護認定の有無、③要介護認定の有効期間の3点を必ず確認するよう、施設に求めています。重要なのは、「その者の提示する被保険者証によって」という点です。施設側の担当者は、**入所申込者が持っている被保険者証を直接確認する**よう求めています。

　第2項も極めて重要です。**被保険者証に認定審査会意見が記載されている場合には、これに配慮してサービスの提供に努めなければなりません。**認定審査会意見の記載を見落とさないように注意しましょう。

【標準確認項目】被保険者資格、要介護認定の有無、要介護認定の有効期限を確認しているか

　これは運営基準と同じです。標準確認文書は「**介護保険番号、有効期限等を確認している記録等**」となっています。

　入所申込者が被保険者であることを確認している記録とは、**施設が被保険者証の写しを保管していること**です。受給者資格等の正しい確認方法とは、施設担当者が利用者から直接、被保険者証の提示を受け、この複写物（コピー）を保管することです。

　被保険者証の写しには、必ず確認した管理者等が押印し確認日を記載しておきます。さらに、「介護保険番号、有効期限、確認済み」という一文が入っていれば、記録としても十分に管理していることがわかります。

また、アセスメントシートなどに被保険者証の確認欄を設け、確認年月日を記入できるようにしておくとよいでしょう。

3. 入退所（第7条）

【標準確認項目】サービスを受ける必要性が高いと認められる入所申込者を優先的に入所させているか

入所検討委員会では、入所基準に基づいて利用申込者について、入所の必要性を検討します。その検討過程が記録された議事録（会議録）を確認します。標準確認文書は「**入所検討委員会会議録**」です。

【標準確認項目】入所者の心身の状況、生活歴、病歴等の把握に努めているか

標準確認文書は「**アセスメントシート**」、「**施設サービス計画**」です。

実地指導担当者は、アセスメントシートとこれを元に作成された施設サービス計画を確認するものと考えられます。

運営基準第7条3項には、「入所申込者の入所に際しては〜（中略）〜その者の心身の状況、生活歴、病歴、指定居宅サービス等の利用状況等の把握に努めなければならない。」とあります。

具体的には、これまで利用していた居宅介護支援事業所の介護支援専門員から直接話を聞き、ケアプランやサービス計画書等の内容にも目を通して入所申込者の心身の状況、生活歴、病歴等を把握し、アセスメントシートに記録しましょう。

【標準確認項目】入所者が居宅において日常生活を営むことができるか、多職種（生活相談員、介護職員、看護職員、介護支援専門員等）で定期的に協議・検討しているか

標準確認文書は「**モニタリングシート**」ですが、「**施設サービス計画**」といっしょに確認するでしょう。

次ページの表を見ると、在宅復帰支援機能加算の取得率は0.01％で、加算請求事業所数は1となっています。現状では、入所者が在宅復帰するための「在宅復帰支援機能加算」を算定する施設はほとんどありません。

介護老人福祉施設における各加算の算定状況（2／2）

介護老人福祉施設 加算取得率（事業所ベース）	広域型介護老人福祉施設		地域密着型介護老人福祉施設		広域型＋地域密着型	
	加算請求事業所数	取得率	加算請求事業所数	取得率	加算請求事業所数	取得率
加算対象/事業所数小計	8129		2363		10492	
障害者生活支援体制加算I	26	0.32%	1	0.04%	27	0.26%
障害者生活支援体制加算II	7	0.09%	0	0.00%	7	0.07%
精神科医療専門指導加算	2139	26.31%	266	11.26%	2405	22.92%
日常生活継続支援加算1	3749	46.12%	135	5.71%	3884	37.02%
日常生活継続支援加算2	2306	28.37%	1353	57.26%	3659	34.87%
認知症専門ケア加算I	331	4.07%	192	8.13%	523	4.98%
認知症専門ケア加算II	85	1.05%	29	1.23%	114	1.09%
認知症行動・心理症状緊急対応加算	0	0.00%	0	0.00%	0	0.00%
栄養マネジメント加算	7095	87.28%	1531	64.79%	8626	82.22%
経口移行加算	151	1.86%	16	0.68%	167	1.59%
療養食加算	4785	58.86%	961	40.67%	5746	54.77%
看取り介護加算I I 1	1473	18.12%	202	8.55%	1675	15.96%
看取り介護加算I I 2	1563	19.23%	217	9.18%	1780	16.97%
看取り介護加算I I 3	1572	19.34%	218	9.23%	1790	17.06%
経口維持加算I	1894	23.30%	346	14.64%	2240	21.35%
経口維持加算II	1071	13.18%	193	8.17%	1264	12.05%
在宅入所相互利用加算	11	0.14%	1	0.04%	12	0.11%
在宅復帰支援機能加算	0	0.00%	1	0.04%	0	0.01%

出典：厚生労働省「介護給付費実態統計」令和元年10月分

　なお、運営基準第7条（入退所）の4項、5項は、「入所者が居宅において日常生活を営むことができるか」について、定期的に検討しなければならないとしています。つまり「義務」です。

　したがって、事実上不可能であっても、**居宅での日常生活の可能性を定期的に協議・検討した内容を記録**に残しましょう。

（入退所）

第七条　指定介護老人福祉施設は、身体上又は精神上著しい障害があるために常時の介護を必要とし、かつ、居宅においてこれを受けることが困難な者に対し、指定介護福祉施設サービスを提供するものとする。

2　指定介護老人福祉施設は、入所申込者の数が入所定員から入所者の数を差し引いた数を超えている場合には、介護の必要の程度及び家族等の状況を勘案し、指定介護福祉施設サービスを受ける必要性が高いと認められる入所申込者を優先的に入所させるよう努めなければならない。

3　指定介護老人福祉施設は、入所申込者の入所に際しては、その者に係る居宅介護支援事業者に対する照会等により、その者の心身の状況、生活歴、病歴、指定居宅サービス等（法第八条第二十四項に規定する指定居宅サービス等をいう。以下同じ。）の利用状況等の把握に努めなければならない。

4　指定介護老人福祉施設は、入所者の心身の状況、その置かれている環境等に照らし、その者が居宅において日常生活を営むことができるかどうかについて定期的に検討しなければならない。

5　前項の検討に当たっては、生活相談員、介護職員、看護職員、介護支援専門員等の従業者の間で協議しなければならない。

6　指定介護老人福祉施設は、その心身の状況、その置かれている環境等に照らし、居宅において日常生活を営むことができると認められる入所者に対し、その者及びその家族の希望、その者が退所後に置かれることとなる環境等を勘案し、その者の円滑な退所のために必要な援助を行わなければならない。

7　指定介護老人福祉施設は、入所者の退所に際しては、居宅サービス計画の作成等の援助に資するため、居宅介護支援事業者に対する情報の提供に努めるほか、保健医療サービス又は福祉サービスを提供する者との密接な連携に努めなければならない。

4. サービス提供の記録（第8条）

【標準確認項目】施設サービス計画にある目標を達成するための具体的なサービスの内容が記載されているか

　標準確認文書には「**サービス提供記録**」や「**業務日誌**」とあり、その内容を確認すると考えられます。

　標準確認文書の欄には「施設サービス計画」がありませんが、前項で確認しますので、サービス計画に記載されている介護目標をもとに、サービス提供記録に具体的なサービスの内容が記録されていることを確認します。

　意識して注意すべきは、「**目標を達成するための具体的なサービス内容**」という点です。居宅サービス、施設サービスを問わず、自立支援、重度化防止の観点を踏まえた目標設定が重要視されていますので、サービス提供記録の書き方にも工夫が必要です。

【標準確認項目】日々のサービスについて、具体的な内容や入所者の心身の状況等を記録しているか

　最近はほとんど見かけなくなりましたが、「いつもとお変わりなくお過ごしでした。」というような記録では、入所者の心身の状況等を観察しているとは言えません。少なくとも、「体調を崩していた先週よりも言葉数が増えて、体調が回復しているようです。」というように見た目の判断だけでなく、僅かな会話から受け止めた状況を記録しましょう。

　標準確認文書として、「**サービス提供記録**」や「**業務日誌**」、「**モニタリングシート**」を確認すると考えられます。日々の「サービス提供記録」や

「業務日誌」の内容と定期的なサービス実施状況の把握を記録した「モニタリングシート」で、整合性を判断すると考えられます。

特に、「判断した具体的なサービスの内容等」を、5W1Hで記録することが基本です。

> （サービスの提供の記録）
> 第八条　指定介護老人福祉施設は、入所に際しては入所の年月日並びに入所している介護保険施設の種類及び名称を、退所に際しては退所の年月日を、当該者の被保険者証に記載しなければならない。
> 2　指定介護老人福祉施設は、指定介護福祉施設サービスを提供した際には、提供した具体的なサービスの内容等を記録しなければならない。

5. 利用料等の受領（第9条）

利用料等の受領については、「第6章　通所介護」に同様の項目があり、内容も同じですので、122ページを参照してください。

6. 指定介護老人福祉サービスの取扱方針（第11条）

大変重要な項目であり、施設の多職種全員が理解し、日々のサービス提供に取り組みましょう。運営基準第11条の4項〜6項が身体的拘束に関する項目です。

【標準確認項目】生命または身体を保護するため、緊急やむを得ない場合を除き、身体拘束その他入所者の行動を制限する行為を行っていないか

「入所者の行動を抑制する行為を行っていないか」をどうやって確認するのでしょうか。標準確認文書の記述内容が極めて重要になります。

標準確認文書に「**身体的拘束廃止に関する（適正化のための）指針**」、「**身体的拘束の適正化検討委員会名簿**」、「**身体的拘束の適正化検討委員会議録**」とあります。この3点を確認すると考えられます。

例えば、上記の指針の内容を確認するだけでなく、これをどう活用しているかを問うこともあるのではないでしょうか。

【標準確認項目】身体拘束等の適正化を図っているか（身体拘束を 行わない体制づくりを進める策を講じているか）

「体制づくりを進める策を講じているか」ということは、具体的には**身体的拘束の適正化検討委員会の活動状況**を確認すると考えられます。標準確認文書として、前述の3点のうち、検討委員会名簿と検討委員会議事録を確認するでしょう。

【標準確認項目】やむを得ず身体拘束をしている場合、家族等に 確認をしているか

標準確認文書の4つ目にある「**（身体拘束がある場合）入所者の記録、家族への確認書**」で、やむを得ず身体拘束をしている場合に、**家族等の確認の有無**を確認します。

なお、運営基準第11条には他にも重要な項目があります。その1つとして、第2項に「指定介護福祉施設サービスは、施設サービス計画に基づき、漫然かつ画一的なものとならないよう配慮して行われなければならない。」とあります。簡単ではないものの、サービスが漫然かつ画一的なモノとならないよう配慮するためには、常に自立支援と重度化防止に沿ったサービス提供を心掛ける必要があります。

（指定介護福祉施設サービスの取扱方針）

第十一条　指定介護老人福祉施設は、施設サービス計画に基づき、入所者の要介護状態の軽減又は悪化の防止に資するよう、その者の心身の状況等に応じて、その者の処遇を妥当適切に行わなければならない。

2　指定介護福祉施設サービスは、施設サービス計画に基づき、漫然かつ画一的なものとならないよう配慮して行われなければならない。

3　指定介護老人福祉施設の従業者は、指定介護福祉施設サービスの提供に当たっては、懇切丁寧を旨とし、入所者又はその家族に対し、処遇上必要な事項について、理解しやすいように説明を行わなければならない。

4　指定介護老人福祉施設は、指定介護福祉施設サービスの提供に当たっては、当該入所者又は他の入所者等の生命又は身体を保護するため緊急やむを得ない場合を除き、身体的拘束その他入所者の行動を制限する行為（以下「身体的拘束等」という。）を行ってはならない。

5　指定介護老人福祉施設は、前項の身体的拘束等を行う場合には、その態様及び時間、

その際の入所者の心身の状況並びに緊急やむを得ない理由を記録しなければならない。
6　指定介護老人福祉施設は、身体的拘束等の適正化を図るため、次に掲げる措置を講じなければならない。
　一　身体的拘束等の適正化のための対策を検討する委員会を三月に一回以上開催するとともに、その結果について、介護職員その他の従業者に周知徹底を図ること。
　二　身体的拘束等の適正化のための指針を整備すること。
　三　介護職員その他の従業者に対し、身体的拘束等の適正化のための研修を定期的に実施すること。
7　指定介護老人福祉施設は、自らその提供する指定介護福祉施設サービスの質の評価を行い、常にその改善を図らなければならない。

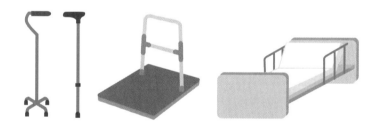

介護老人福祉施設「運営」の 標準確認項目と標準確認文書②

1. 施設サービス計画の作成（第12条）

　標準確認項目は８項目と多く、きめ細かく確認する内容になっています。標準確認文書である「施設サービス計画」と、アセスメントシートやサービス提供記録、モニタリングシートとの整合性を見るものと考えられます。

【標準確認項目】入所者の心身の状況、希望等を踏まえて 施設サービス計画が立てられているか

　初回の計画を立てる際は、入所前の居宅サービス計画や利用していた個別サービス計画などを参考にアセスメントを行っているかが重要になります。標準確認文書にある「アセスメントシート」、「施設サービス計画（入所者又は家族の署名、捺印）」を精査しながら、入居者の心身の状況や本人の希望を聴取している点を確認します。

【標準確認項目】アセスメントを適切に行っているか

　「適切に行っているか」とは、165ページの「3.入退所（第７条）」でもふれられているように、入所者の心身の状況、生活歴、病歴等を把握しているかを確認します。

　なお、アセスメントシートは入所者の状態が正確に把握できるよう、定期的に様式の見直しを検討しましょう。

【標準確認項目】サービス担当者会議等により専門的意見を聴取 しているか

　「サービス担当者会議等」とあるので、施設サービス計画（ケアプラン）の第５表「サービス担当者会議の要点」や「サービス担当者に対する照会（依頼）内容」（現在は様式としてはありませんが、使用する場合もありま

す）、第6表「**施設介護支援経過**」などを確認するものと考えられます。

専門的意見を聴取した結果、計画に反映している点にも注目する可能性
があります。

【標準確認項目】施設サービス計画を本人や家族に説明し、同意を 得ているか

標準確認文書の「**施設サービス計画（入所者又は家族の署名、捺印）**」で
確認します。説明者の氏名を記入できる様式であり、「施設サービス計画の
説明を受け、同意して交付を受けました」という旨の一文が記載されてい
ることも重要です。

【標準確認項目】施設サービス計画に基づいたケアの提供をして いるか

施設サービス計画に基づいてサービスを提供していることがわかるもの
は、標準確認文書である「**サービス提供記録**」です。サービスを提供する
介護職員、看護職員等が計画を十分に理解していることが前提となります。

【標準確認項目】目標の達成状況は記録されているか

標準確認文書は「**モニタリングシート**」です。

目標の達成状況を確認するためには、計画の短期目標や長期目標の達成
度を評価しやすいものにすることが必要です。

【標準確認項目】達成状況に基づき、新たな施設サービス計画が 立てられているか

従来の実地指導では、計画の見直しや新たな計画の作成について問われ
ることがありましたが、ここでは「達成状況に基づき……」という条件が
付きました。

目標の達成状況に基づき計画そのものを評価し、見直しの後に、新たな
施設サービス計画を作成するという「**PDCAサイクル**」が機能しているか
を確認します。

【標準確認項目】定期的にモニタリングを行っているか

「定期的に」となっており、明確な頻度は決められていませんが、多くは
3か月に一度のサービス実施状況の把握を行ってモニタリングシートに記

録しています。入所者の状態変化が著しい場合などは、一月ごとに行うこともあります。標準確認文書は「**モニタリングシート**」ですが、必要に応じて「サービス提供記録」も確認すると考えられます。

（施設サービス計画の作成）
第十二条 指定介護老人福祉施設の管理者は、介護支援専門員に施設サービス計画の作成に関する業務を担当させるものとする。

2 施設サービス計画に関する業務を担当する介護支援専門員（以下「計画担当介護支援専門員」という。）は、施設サービス計画の作成に当たっては、入所者の日常生活全般を支援する観点から、当該地域の住民による自発的な活動によるサービス等の利用も含めて施設サービス計画上に位置付けるよう努めなければならない。

3 計画担当介護支援専門員は、施設サービス計画の作成に当たっては、適切な方法により、入所者について、その有する能力、その置かれている環境等の評価を通じて入所者が現に抱える問題点を明らかにし、入所者が自立した日常生活を営むことができるように支援する上で解決すべき課題を把握しなければならない。

4 計画担当介護支援専門員は、前項に規定する解決すべき課題の把握（以下「アセスメント」という。）に当たっては、入所者及びその家族に面接して行わなければならない。この場合において、計画担当介護支援専門員は、面接の趣旨を入所者及びその家族に対して十分に説明し、理解を得なければならない。

5 計画担当介護支援専門員は、入所者の希望及び入所者についてのアセスメントの結果に基づき、入所者の家族の希望を勘案して、入所者及びその家族の生活に対する意向、総合的な援助の方針、生活全般の解決すべき課題、指定介護福祉施設サービスの目標及びその達成時期、指定介護福祉施設サービスの内容、指定介護福祉施設サービスを提供する上での留意事項等を記載した施設サービス計画の原案を作成しなければならない。

6 計画担当介護支援専門員は、サービス担当者会議（入所者に対する指定介護福祉施設サービスの提供に当たる他の担当者（以下この条において「担当者」という。）を召集して行う会議をいう。以下同じ。）の開催、担当者に対する照会等により、当該施設サービス計画の原案の内容について、担当者から、専門的な見地からの意見を求めるものとする。

7 計画担当介護支援専門員は、施設サービス計画の原案の内容について入所者又はその家族に対して説明し、文書により入所者の同意を得なければならない。

8 計画担当介護支援専門員は、施設サービス計画を作成した際には、当該施設サービス計画を入所者に交付しなければならない。

9 計画担当介護支援専門員は、施設サービス計画の作成後、施設サービス計画の実施状況の把握（入所者についての継続的なアセスメントを含む。）を行い、必要に応じて施設サービス計画の変更を行うものとする。

10 計画担当介護支援専門員は、前項に規定する実施状況の把握（以下「モニタリング」という。）に当たっては、入所者及びその家族並びに担当者との連絡を継続的に行うこととし、特段の事情のない限り、次に定めるところにより行わなければならない。
一 定期的に入所者に面接すること。
二 定期的にモニタリングの結果を記録すること。

11 計画担当介護支援専門員は、次に掲げる場合においては、サービス担当者会議の開催、担当者に対する照会等により、施設サービス計画の変更の必要性について、担当者から、専門的な見地からの意見を求めるものとする。
一 入所者が法第二十八条第二項に規定する要介護更新認定を受けた場合
二 入所者が法第二十九条第一項に規定する要介護状態区分の変更の認定を受けた場合

12 第二項から第八項までの規定は、第九項に規定する施設サービス計画の変更について準用する。

2. 介護（第13条）

【標準確認項目】入浴回数は適切か、褥瘡予防体制は整備されているか

「入浴回数は適切か」について、標準確認文書には「**サービス提供記録／業務日誌**」とありますので、両方またはどちらかを確認します。

入浴の回数については、運営基準第13条第2項に「一週間に2回以上、適切な方法により……」とあるので、各入所者のサービス提供記録により確認します。もう1つの「褥瘡予防体制は整備されているか」についても、第13条第5項に明記されています。

サービス提供記録や業務日誌から褥瘡予防体制の整備状況をどう見るのか、実地指導担当者でも確認が難しい点だと言えます。**褥瘡予防のために日常的に多職種が行っているケア**を読み取るのではないでしょうか。

例えば、入浴を担当する介護職員が褥瘡の早期発見のために日頃から行っていることや、毎日の食事に関して栄養士が行っていること、褥瘡の早期発見のための情報共有の1つとして、「業務日誌」の記録方法などに何らかの工夫をしていること、などが考えられます。

（介護）
第十三条　介護は、入所者の自立の支援及び日常生活の充実に資するよう、入所者の心身の状況に応じて、適切な技術をもって行われなければならない。
2　指定介護老人福祉施設は、一週間に二回以上、適切な方法により、入所者を入浴させ、又は清しきしなければならない。
3　指定介護老人福祉施設は、入所者に対し、その心身の状況に応じて、適切な方法により、排せつの自立について必要な援助を行わなければならない。
4　指定介護老人福祉施設は、おむつを使用せざるを得ない入所者のおむつを適切に取り替えなければならない。
5　指定介護老人福祉施設は、褥瘡が発生しないよう適切な介護を行うとともに、その発生を予防するための体制を整備しなければならない。
6　指定介護老人福祉施設は、入所者に対し、前各項に規定するもののほか、離床、着替え、整容等の介護を適切に行わなければならない。
7　指定介護老人福祉施設は、常時一人以上の常勤の介護職員を介護に従事させなければならない。

8 指定介護老人福祉施設は、入所者に対し、その負担により、当該指定介護老人福祉施設の従業者以外の者による介護を受けさせてはならない。

3. 入所者の入院期間中の取扱い（第19条）

【標準確認項目】概ね3か月以内に退院することが明らかに見込まれるときに適切な便宜を供与しているか

標準確認文書は「**サービス提供記録**」と「**業務日誌**」です。

運営基準第19条には「適切な便宜」の内容が明確に書かれています。

「その者（入所者）及びその家族の希望等を勘案し、……」とあるので、**サービス提供記録や業務日誌に、入所者や家族の要望を聴取した内容や連絡を取り合ったことを記録していること**が重要になります。

また、「退院後再び当該指定介護老人福祉施設に円滑に入所することができるようにしなければならない。」とあります。**退院後に施設に戻るためにどのような手順で対応しているかが記録されていること**も重要です。要するに「円滑に」という文言に対して、具体的に施設として行っている業務内容が明らかになっている点を確認すると考えられます。

今後、さらに入退院を繰り返す入所者が増える傾向にありますので、この項目は非常に重要視していると言えます。

（入所者の入院期間中の取扱い）
第十九条　指定介護老人福祉施設は、入所者について、病院又は診療所に入院する必要が生じた場合であって、入院後おおむね三月以内に退院することが明らかに見込まれるときは、その者及びその家族の希望等を勘案し、必要に応じて適切な便宜を供与するとともに、やむを得ない事情がある場合を除き、退院後再び当該指定介護老人福祉施設に円滑に入所することができるようにしなければならない。

4. 緊急時の対応（第20条の2）

「緊急時の対応」は、居宅サービスや他の施設サービスの標準確認項目にも当然ありますが、在宅と施設の違いや昼夜の時間帯の違いなどはありま

す。しかし緊急時の対応の重要性はどのサービスでも共通しています。

【標準確認項目】緊急時対応マニュアル等が整備されているか

　単に緊急時対応マニュアルの有無を確認するのではなく、その内容を精査すると考えられます。「整備されているか」と聞いていますので、マニュアルの記載通りに対応できることが、「整備されている」状態です。それだけ、マニュアルの重要性が高まっていると理解しましょう。

　標準確認文書はもちろん、「**緊急時対応マニュアル**」です。

　運営基準第20条の2では、次のように病状の急変時の対応について定めています。

第二十条の二　（緊急時等の対応）
　指定介護老人福祉施設は、現に指定介護福祉施設サービスの提供を行っているときに入所者の病状の急変が生じた場合その他必要な場合のため、あらかじめ、第二条第一項第一号に掲げる医師との連携方法その他の緊急時等における対応方法を定めておかなければならない。

　病状の急変に対応するために介護職員や看護職員等と配置医師との連携方法について、具体的にマニュアルに記載しておきましょう。

　また、「**その他の緊急時等における対応方法**」についても、想定される緊急事態を具体的にマニュアルに記載しておく必要があります。例えば、入所者が転倒した、食べ物を喉に詰まらせた、入浴中に気分が悪くなった場合などを想定した対応方法が具体的に書かれていることが求められます。

【標準確認項目】緊急事態が発生した場合、速やかに配置医師と 連携をとっているか

　入所者の病状の急変など緊急事態が生じた場合に医師との連携をとった事例について、標準確認文書の「**サービス提供記録**」で確認します。結果的に大事に至らなかった場合であっても、医師との連携が常に行われている様子がわかるように記録しておきましょう。

　この項目にかかわらず、マニュアルや手順書などを元に、定期的に研修等で対応方法や手順、連携方法を確認しておきましょう。同時に運営基準の条文についても、多職種間で共通の認識を持つよう努めましょう。

5. 管理者による管理（第21条）

【標準確認項目】管理者は常勤専従か、他の職務を兼務している場合、兼務体制は適切か

　管理者（施設長）が常勤専従であることを確認するために、標準確認文書として「**管理者の雇用形態が分かる文書**」、「**管理者の勤務実績表／タイムカード**」があります。

　「雇用形態が分かる文書」とは、**労働条件通知書**（79ページ参照）や**労働契約書**などが該当します。労働条件通知書には、管理者としての職務をできる限り詳しく記載することが望ましいでしょう。また、管理者を公募した時の募集要項などの資料も保管しておくとよいでしょう。

　他の職務を兼務している場合には、**管理者に交付した辞令や配属通知書**等を提示できれば速やかに確認できます。

　なお、運営基準第21条には、「当該指定介護老人福祉施設の管理上支障がない場合は…」という条件付きでその他職務の兼務ができるとあります。

　「管理上支障がない」とは、管理者の責務が果たせていることを意味しますので、第22条（管理者の責務）も合わせて熟読しておきましょう。

（管理者による管理）

第二十一条　指定介護老人福祉施設の管理者は、専ら当該指定介護老人福祉施設の職務に従事する常勤の者でなければならない。ただし、当該指定介護老人福祉施設の管理上支障がない場合は、同一敷地内にある他の事業所、施設等又は当該指定介護老人福祉施設のサテライト型居住施設の職務に従事することができる。

（管理者の責務）

第二十二条　指定介護老人福祉施設の管理者は、当該指定介護老人福祉施設の従業者の管理、業務の実施状況の把握その他の管理を一元的に行わなければならない。

2　指定介護老人福祉施設の管理者は、従業者にこの章の規定を遵守させるために必要な指揮命令を行うものとする。

6. 運営規程（第23条）

【標準確認項目】運営における以下の重要事項について定めているか

「以下の重要事項」として8項目を明記していますが、これは運営基準第23条（運営規程）の1号〜8号と同様です。

（運営規程）

第二十三条　指定介護老人福祉施設は、次に掲げる施設の運営についての重要事項に関する規程（以下「運営規程」という。）を定めておかなければならない。

一　施設の目的及び運営の方針

二　従業者の職種、員数及び職務の内容

三　入所定員

四　入所者に対する指定介護福祉施設サービスの内容及び利用料その他の費用の額

五　施設の利用に当たっての留意事項

六　緊急時等における対応方法

七　非常災害対策

八　その他施設の運営に関する重要事項

標準確認項目は「**運営規程**」で、施設内の掲示を確認します。

介護老人福祉施設では、玄関を入ったエントランス付近の壁に必ず運営規程が掲示されています。また、ファイルにまとめた運営規程が「ご自由にご覧ください」などと書かれて目立つ所に置いてあることもあります。

最近はホームページに掲載する法人も多く、重要性の認識が定着していますが、その内容が古かったり施設運営の現状と違いがあったりしてはなりません。重要事項説明書の内容と一致していることも必要です。

8項目のうち、「二　従業者の職種、員数及び職務の内容」は従業者の員数が変わることもあるので、「○年○月現在」と表記するとよいでしょう。ただし員数の増減頻度によっては規程の見直し、変更が必要になります。

「四　入所者に対する指定介護福祉施設サービスの内容及び利用料その他の費用の額」は、3年に一度の介護報酬改定により変わりますので、重要事項説明書と同時に見直し、変更する必要があります。

「八　その他施設の運営に関する重要事項」として、少なくとも明記する

必要がある項目は以下の通りです。

①施設従業者等の資質向上のための研修に関する事項
②施設従業者等に対する定期的な健康診断の実施に関する事項
③施設従業者等が知り得た入所者やその家族の秘密の保持に関する事項
④施設従業者等であった者に対し、入所者やその家族の秘密を保持させるために、従業者でなくなった後も、これらの秘密を保持するべき旨を、雇用契約の内容に含むことを記載する

7. 勤務体制の確保等（第24条）

【標準確認項目】サービス提供は施設の従業員によって行われているか

　従業員とは、施設の従業者である生活相談員や看護職員、介護職員、介護支援専門員等を指します。標準確認文書は「**雇用の形態（常勤・非常勤）がわかる文書**」ですので、毎月作成している「従業者の勤務の体制及び勤務形態一覧表」や「労働条件通知書」などが考えられます（73、79ページ参照）。

【標準確認項目】入所者の処遇に直接影響する業務を委託していないか

　この確認項目の意味はやや理解しにくいかも知れませんが、運営基準第24条を読むとわかります。第2項に「指定介護老人福祉施設は、当該指定介護老人福祉施設の従業者によって指定介護福祉施設サービスを提供しなければならない。ただし、入所者の処遇に直接影響を及ぼさない業務については、この限りでない。」とあるので、施設内の清掃などを外部の事業者に委託することはあっても、**施設サービスそのものを外部委託することはできません。**

【標準確認項目】資質向上のために研修の機会を確保しているか

　標準確認文書は「**研修計画、実施記録**」です。従業者等の資質向上のための研修の機会の確保について確認するため、研修計画や研修の実施記録を見ます。**研修計画書**には、個々の研修の目的などを記載しておくとよい

でしょう。研修を実施した後に、**研修実施記録書**を作成します。

　研修実施記録書は、研修受講者の個々の「研修受講報告書」や「研修の感想文」のようなものではなく、管理者または研修担当者が施設の記録として作成し保管するものです。

> （勤務体制の確保等）
> 第二十四条　指定介護老人福祉施設は、入所者に対し、適切な指定介護福祉施設サービスを提供することができるよう、従業者の勤務の体制を定めておかなければならない。
> 2　指定介護老人福祉施設は、当該指定介護老人福祉施設の従業者によって指定介護福祉施設サービスを提供しなければならない。ただし、入所者の処遇に直接影響を及ぼさない業務については、この限りでない。
> 3　指定介護老人福祉施設は、従業者に対し、その資質の向上のための研修の機会を確保しなければならない。

8. 定員の遵守（第25条）

【標準確認項目】入所定員を上回っていないか

　運営基準第25条を参照してください。「……施設は、入所定員及び居室の定員を超えて入所させてはならない。」とあります。ユニット型の施設の場合には、ユニットごとの定員となります。

　標準確認文書は「**業務日誌**」、「**国保連への請求書控え**」です。**新規入所者のある月や退所者があった月などを重点的に確認する**ものと考えられます。また、入所者が入院中の場合や一時的に自宅に戻っていたりする場合には、業務日誌等で定員の増減を確認することもあるでしょう。

> 第二十五条　（定員の遵守）
> 指定介護老人福祉施設は、入所定員及び居室の定員を超えて入所させてはならない。ただし、災害、虐待その他のやむを得ない事情がある場合は、この限りでない。

介護老人福祉施設「運営」の
標準確認項目と標準確認文書③

1. 非常災害対策（第26条）

　近年、多発している集中豪雨や台風などによる災害、広域な大地震に備える意味で、非常災害対策は増々重要になっています。そうした背景からも実地指導における確認は詳細に行われると考えられます。

【標準確認項目】非常災害（火災、風水害、地震等）対応に係る　マニュアルがあるか

　標準確認文書は「**非常災害対応マニュアル（対応計画）**」です。マニュアルには対応手順や対応方法の記載だけでなく、（対応計画）としていることから、より具体的で実行可能な計画が含まれるものを想定しています。

　また、運営規程の第7項「非常災害対策」の内容についても確認するものと思われます。

【標準確認項目】非常災害時の連絡網等は用意されているか

　標準確認文書には「**通報、連絡体制**」とあります。非常災害時に通報する関係機関の一覧表を作成し、事務所内に掲示したり、電話機のそばに設置したりしましょう。

【標準確認項目】防火管理に関する責任者を定めているか

　標準確認文書にある「**運営規程**」により確認します。施設の運営規程には、必ず「**非常災害対策**」という条項が定められています。それには、「事業所は、防火管理についての責任者を定め、非常災害に関する防災計画を作成し、非常災害に備えるため、定期的に避難・救出訓練等を行う。」とされているはずですので、これを確認します。

　なお、防火講習を受け効果測定後に交付された修了証を確認する可能性

がありますので、提示できるようにしておきましょう。

【標準確認項目】消火・避難訓練を実施しているか

標準確認文書には「**避難訓練の記録**」、「**消防署への届出**」、「**消防用設備点検の記録**」とあります。

消防署の指導の下、避難訓練を行った記録を確認します。非常災害対策に関しては、「介護サービス情報の公表」制度における調査票（運営情報）に確認のための材料が6項目あります。

実地指導担当者は**公表内容を事前に確認し、非常災害対策についても閲覧しています**ので、非常災害対策が施設運営の仕組みの1つとして機能していることが対外的にわかるようになっていることは非常に重要です。

小項目	確認事項	確認のための材料
25 安全管理及び衛生管理のための取組の状況	62 非常災害時に対応するための仕組みがある。	101 非常災害時の対応手順、役割分担等について定められたマニュアル等がある。
		102 非常災害時に通報する関係機関の一覧表等がある。
		103 非常災害時の対応に関する研修の実施記録がある。
		104 非常災害時の避難、救出等に関する訓練の実施記録がある。
		105 地域の消防団、自治体等との防災協定書がある。
		106 非常災害時の備蓄がある。

出典：神奈川県介護サービス情報公表センターHPより抜粋

（非常災害対策）

第二十六条　指定介護老人福祉施設は、非常災害に関する具体的計画を立て、非常災害時の関係機関への通報及び連携体制を整備し、それらを定期的に従業者に周知するとともに、定期的に避難、救出その他必要な訓練を行わなければならない。

---

2. 衛生管理等（第27条）

2019年後半から翌年にかけて、世界的に感染が拡大した新型コロナウィルスに対する介護施設や医療機関の対応は、当初これまでの衛生管理の方法では防ぎきれない不安がありました。しかし徐々に対応方法が確立し、

感染予防意識も高まりました。

　今後も全く新しい感染ウイルスが出現する恐れが十分にあります。特にクラスターが発生しやすい施設では、これまで以上に衛生管理の体制を強化しなければなりません。

【標準確認項目】必要に応じて衛生管理について、保健所の助言、指導を求め、密接な連携を保っているか

　「保健所の助言、指導を求め、…」とあるので、標準確認文書にある「**感染症及び食中毒の予防及びまん延防止のための対策を検討する委員会名簿、委員会の記録**」に、保健所の助言や指導を受けて委員会を開催した記録があるとよいでしょう。

【標準確認項目】感染症または食中毒の予防及びまん延の防止のための対策を講じているか（対策を検討する委員会を3か月に1回開催しているか）

　感染症又は食中毒の予防及びまん延の防止の対策を講じていることと、3か月に1回以上の委員会の開催を記録で確認します。また、開催した委員会の内容を介護職員その他の従業者に周知徹底を図ることも求められていますので、委員会の記録等に「周知したこと」を書いておきましょう。

【標準確認項目】従業者の日々の感染罹患状況や健康状態を確認しているか

　各部署で介護職員その他の従業者の健康状態を確認し、委員会等で情報を共有して記録に残しましょう。

　標準確認項目にはありませんが、標準確認文書に「**感染症及び食中毒の予防及びまん延の防止のための指針**」と「**感染症及び食中毒の予防及びまん延の防止のための研修の記録**」がありますが、こちらも確認するでしょう。

　指針については、神奈川県「指定介護保険事業者のための運営の手引き」に、次のページのように記載されていますので参考にしてください。

感染症及び食中毒の予防及びまん延の防止のための指針を整備すること。
○平常時の対策と発生時の対策を規定します。
○指針の内容は、従業者だけでなくボランティアや調理・清掃等の委託業者にも周知してください。

また、研修の記録についても、次のように記載されています。

介護職員その他の従業者に対し、感染症及び食中毒の予防及びまん延の防止のための研修を定期的に実施すること
○予め年間研修計画を作成し、勤務体制を定めることにより、研修の受講機会を確保してください。
○研修は年2回以上開催するとともに、新規採用時には必ず実施してください。
○研修の内容は、必ず記録してください。
○やむを得ず、研修に参加できない従業者がいる場合についても、必ず当該研修の内容について周知徹底を図り、施設として認識を共有することが必要です。

　施設運営における感染症や食中毒の発生予防、まん延防止については、施設全体で取り組むよう求められています。

　「介護サービス情報の公表」制度における調査票（運営情報）にも、これらに関する確認事項があり、確認のための材料が3項目ありますので、運営基準第27条と合わせて参考にしてください。実地指導担当者は公表内容を事前に確認し、施設の衛生管理等の状況を把握しています。

小項目	確認事項	確認のための材料
25 安全管理及び衛生管理のための取組の状況	64 感染症及び食中毒の発生の予防及びまん延を防止するための仕組みがある。	108 感染症及び食中毒の発生事例、ヒヤリ・ハット事例等の検討記録がある。
		109 感染症及び食中毒の発生の予防及びまん延の防止に関するマニュアルがある。
		110 感染症及び食中毒の発生の予防及びまん延の防止に関する研修の記録がある。

出典：神奈川県介護サービス情報公表センターHPより抜粋

（衛生管理等）
第二十七条　指定介護老人福祉施設は、入所者の使用する食器その他の設備又は飲用に

供する水について、衛生的な管理に努め、又は衛生上必要な措置を講ずるとともに、医薬品及び医療機器の管理を適正に行わなければならない。

2　指定介護老人福祉施設は、当該指定介護老人福祉施設において感染症又は食中毒が発生し、又はまん延しないように、次の各号に掲げる措置を講じなければならない。

一　当該指定介護老人福祉施設における感染症及び食中毒の予防及びまん延の防止のための対策を検討する委員会をおおむね三月に一回以上開催するとともに、その結果について、介護職員その他の従業者に周知徹底を図ること。

二　当該指定介護老人福祉施設における感染症及び食中毒の予防及びまん延の防止のための指針を整備すること。

三　当該指定介護老人福祉施設において、介護職員その他の従業者に対し、感染症及び食中毒の予防及びまん延の防止のための研修を定期的に実施すること。

四　前三号に掲げるもののほか、別に厚生労働大臣が定める感染症及び食中毒の発生が疑われる際の対処等に関する手順に沿った対応を行うこと。

3.秘密保持等（第30条）

【標準確認項目】個人情報の利用にあたり、利用者及び家族から同意を得ているか

標準確認文書は「**個人情報同意書**」です。ただ文書名は、「個人情報使用同意書」や「個人情報利用同意書」の方が望ましいでしょう。また、入所者の個人情報と家族の個人情報とでは、利用の仕方に違いがあるため、それぞれ両者から利用（使用）の同意を得ておきましょう。

【標準確認項目】退職者を含む、従業員が利用者の秘密を保持することを誓約しているか

標準確認文書は「**従業員の秘密保持誓約書**」です。介護職員等の従業者を雇用する時には、**必ず入所者やその家族の秘密を保持することを厳守する一文を含む誓約書の提出**を受け、万一退職した場合でもその効力が及ぶことを伝えておきましょう。

（秘密保持等）

第三十条　指定介護老人福祉施設の従業者は、正当な理由がなく、その業務上知り得た入所者又はその家族の秘密を漏らしてはならない。

2　指定介護老人福祉施設は、従業者であった者が、正当な理由がなく、その業務上知り得た入所者又はその家族の秘密を漏らすことがないよう、必要な措置を講じなければならない。

3　指定介護老人福祉施設は、居宅介護支援事業者等に対して、入所者に関する情報を提供する際には、あらかじめ文書により入所者の同意を得ておかなければならない。

「**医療・介護関係事業者における個人情報の適切な取扱いのためのガイダンス**」（平成29年4月14日個情第534号、医政発0414第6号、薬生発0414第1号、老発0414第1号）も併せて確認しておきましょう。

4. 広告（第31条）

【標準確認項目】広告は虚偽または誇大になっていないか

標準確認文書は「**パンフレット／チラシ**」です。

介護老人福祉施設では、施設を運営する法人が施設を紹介するパンフレットやチラシを作成しています。入所を検討している要介護者やその家族が施設を見学したり、問い合わせがあった場合に配布しているパンフレット等に、**虚偽や誇大な表現、説明がないか**を確認します。

また、最近ではホームページで広告、宣伝を行う施設が増えています。実地指導担当者は事前にホームページを閲覧しているでしょう。その公表内容に疑義があれば、確認することがあります。

（広告）
第三十一条　指定介護老人福祉施設は、当該指定介護老人福祉施設について広告をする場合は、その内容が虚偽又は誇大なものであってはならない。

5. 苦情処理（第33条）

【標準確認項目】苦情受付の窓口があるか

重要事項説明書等に苦情の受付窓口として、連絡先や担当者名を記載していますが、念のため電話番号や担当者名に変更や間違いがないか、定期的に確認しましょう。

標準確認文書には「苦情の受付簿」とあります。施設が常に苦情を受け付ける体制になっていることを示すため、誰がいつ誰からどんな苦情を受け付けたかがわかるよう、**苦情受付一覧表**などを用意しておきましょう。

【標準確認項目】苦情の受付、内容等を記録、保管しているか

標準確認文書は「苦情者への対応記録」となっています。該当する記録として一般的に多いのは、**苦情対応記録書**または**相談・苦情対応記録書**などです。

【標準確認項目】苦情の内容を踏まえたサービスの質向上の取組を行っているか

標準確認文書には「**苦情対応マニュアル**」とあります。入所者やその家族からは、苦情だけでなく日常的に様々な相談を受ける機会があることから、マニュアルは「相談・苦情対応マニュアル」とすることが望ましいでしょう。なお、実地指導担当者は、マニュアルが定期的に改訂されているかどうかも確認する可能性がありますので、作成・改訂の日付を記しておきましょう。

具体的に苦情があった場合には速やかに対応し、苦情原因を明らかにします。その経過と結果を記録に残し、それを元に事例検討会や研修を行うなど、施設サービスの質の向上のための取組が必要になります。

次ページの「介護サービス情報の公表」制度における調査票（運営情報）には、相談、苦情に関する確認事項3項目、確認のための材料4項目がありますので、参考にしてください。

中項目	小項目	確認事項	確認のための材料
3 相談・苦情等の対応のために講じている措置	14 相談・苦情等の対応のための取組の状況	42 利用者又はその家族からの相談、苦情等に対応する仕組みがある。	70 重要事項を記した文書等利用者に交付する文書に、相談、苦情等対応窓口及び担当者が明記されている。
			71 相談、苦情等対応に関するマニュアル等がある。
		43 相談、苦情等対応の経過を記録している。	72 相談、苦情等対応に関する記録がある。
		44 相談、苦情等対応の結果について、利用者又はその家族に説明している。	23 利用者又はその家族に対する説明の記録がある。

出典：神奈川県介護サービス情報公表センターHPより抜粋

　実地指導担当者は公表内容を事前に確認し、利用者やその家族からの相談、苦情等の対応状況を把握しています。相談、苦情の対応が施設運営の仕組みとして機能していることが重要です。

（苦情処理）

第三十三条　指定介護老人福祉施設は、その提供した指定介護福祉施設サービスに関する入所者及びその家族からの苦情に迅速かつ適切に対応するために、苦情を受け付けるための窓口を設置する等の必要な措置を講じなければならない。

2　指定介護老人福祉施設は、前項の苦情を受け付けた場合には、当該苦情の内容等を記録しなければならない。

3　指定介護老人福祉施設は、提供した指定介護福祉施設サービスに関し、法第二十三条の規定による市町村が行う文書その他の物件の提出若しくは提示の求め又は当該市町村の職員からの質問若しくは照会に応じ、入所者からの苦情に関して市町村が行う調査に協力するとともに、市町村から指導又は助言を受けた場合は、当該指導又は助言に従って必要な改善を行わなければならない。

4　指定介護老人福祉施設は、市町村からの求めがあった場合には、前項の改善の内容を市町村に報告しなければならない。

5　指定介護老人福祉施設は、提供した指定介護福祉施設サービスに関する入所者からの苦情に関して国民健康保険団体連合会（国民健康保険法（昭和三十三年法律第百九十二号）第四十五条第五項に規定する国民健康保険団体連合会をいう。以下同じ。）が行う法第百七十六条第一項第三号の規定による調査に協力するとともに、国民健康保険団体連合会から同号の規定による指導又は助言を受けた場合は、当該指導又は助言に従って必要な改善を行わなければならない。

6　指定介護老人福祉施設は、国民健康保険団体連合会からの求めがあった場合には、前項の改善の内容を国民健康保険団体連合会に報告しなければならない。

介護老人福祉施設「運営」の標準確認項目と標準確認文書④

1. 事故発生の防止及び発生時の対応（第35条）

標準確認項目は６つ、標準確認文書は７つと多くなっています。

【標準確認項目】事故が発生した場合の対応方法は定まっているか

標準確認文書には「**事故対応マニュアル**」とあります。

実地指導担当者は、「対応方法は定まっているか」という観点で、マニュアルの内容を確認します。事故対応マニュアルは、万一の時にマニュアル通りに速やかに対応できる内容になっていなければなりません。事故には至らなくても見過ごせない状況があった場合には、**ヒヤリハット報告書**（108ページ参照）にまとめ、施設内で情報を共有します。その後、必要に応じてマニュアルの一部を変更したり、改訂したりすることになります。

なぜなら、ヒヤリハット報告書などの内容を精査し、その原因を特定した結果、事故発生時を想定した対応方法や対応手順を一部修正、変更したりする必要があるからです。完璧なマニュアルなどはありませんので、常に変更や改訂を伴うという前提でマニュアルを取り扱い、活用している様子が実地指導担当者に伝わることが重要です。

【標準確認項目】市町村、家族等に報告しているか

残念ながら、介護施設やデイサービスでは利用者が転倒したり、食べ物を喉に詰まらせたりする事故が発生しやすい環境にあります。

万一、入所者のけがなどで医療機関を受診した場合には、保険者である**市町村に速やかに報告する**必要があります。その報告の記録は必ず保管しておきましょう。また、入所者の家族に報告し、報告した事実を記録に残します。

第**7**章 介護老人福祉施設の標準確認項目と標準確認文書

189

なお、市町村（保険者）への事故報告取扱いについては、どのような場合に、市町村に報告すべきかを事前に確認しておきましょう。

　ここでは、標準確認文書として「**市町村、家族等への報告記録**」とあるので、口頭による報告だけでなく、**書面として作成された「事故報告書**」を想定していると考えられます。

【標準確認項目】事故状況、対応経過が記録されているか

　前述の標準確認文書「市町村、家族等への報告記録」と関連する重要な記録です。事故発生直後に事故の状況について、当事者から正確な情報を収集し、**事故の全体像や直接的原因を把握し、客観的な事実のみを記録**します。また、事故発生時には「事故対応マニュアル」に沿って速やかに適切に対応し、逐次、対応の経過を記録しておきましょう。

【標準確認項目】損害賠償すべき事故が発生した場合に、速やかに賠償を行うための対策を講じているか

　損害賠償が必要な事故に関する詳細は、「事故発生対応マニュアル」などに記載されている場合が多く、日頃から損害賠償すべき事故とはどういうものか、研修等を通じて十分に理解しておきましょう。

　特に損害賠償責任保険に加入している保険会社の協力を得て、損害賠償に関する知識や事例を学習することも必要です。

【標準確認項目】再発防止のための取組を行っているか

　標準確認文書は「**再発防止策の検討の記録**」です。事故が発生した場合には、事故の大小に限らず事故原因の究明を徹底し、必ず再発防止のための取組を行っていることを確認します。

　具体的には、事故の原因となったサービス提供の手順や業務手順の見直し、改善策等を話し合い、取り決めるための会議等を開催し、その記録を残します。次に新たな手順書や改訂したマニュアルなどを事業所内に周知します。

　なお、幸いにして事故がなかったとしても、再発防止のための取組が行えるよう、「**事故発生及び再発防止マニュアル**」として、「再発防止」を含めた一体的なマニュアルとすることが望ましいでしょう。

標準確認文書の「**ヒヤリハットの記録**」については、記録の件数がゼロということがないように、個々の従業者が積極的にヒヤリハットに相当する経験を報告する意識を高めましょう。

【標準確認項目】事故発生の防止のための委員会及び従業者に対する研修を定期的に行っているか

標準確認文書は「**事故発生防止のための委員会議事録**」と「**研修の記録**」です。

委員会や研修の開催について、標準確認文書の欄の最初にある「**事故発生の防止のための指針**」に基づいて定期的に行われていなければなりません。

（事故発生の防止及び発生時の対応）
第三十五条　指定介護老人福祉施設は、事故の発生又はその再発を防止するため、次の各号に定める措置を講じなければならない。
　　一　事故が発生した場合の対応、次号に規定する報告の方法等が記載された事故発生の防止のための指針を整備すること。
　　二　事故が発生した場合又はそれに至る危険性がある事態が生じた場合に、当該事実が報告され、その分析を通じた改善策を従業者に周知徹底する体制を整備すること。
　　三　事故発生の防止のための委員会及び従業者に対する研修を定期的に行うこと。
　2　指定介護老人福祉施設は、入所者に対する指定介護福祉施設サービスの提供により事故が発生した場合は、速やかに市町村、入所者の家族等に連絡を行うとともに、必要な措置を講じなければならない。
　3　指定介護老人福祉施設は、前項の事故の状況及び事故に際して採った処置について記録しなければならない。
　4　指定介護老人福祉施設は、入所者に対する指定介護福祉施設サービスの提供により賠償すべき事故が発生した場合は、損害賠償を速やかに行わなければならない。

第 **8** 章

市町村（保険者）等と
介護事業者は
どう動くか

実地指導をする側の
市町村介護保険担当係長に聴く

保険者・A市の概要

　A市は、首都圏の某県内にある数少ない人口10万人以下の地方自治体の
１つです。

　高齢化率の全国平均が17.4％だった2000年当時、A市は既に22.1％に達し
高齢化の進行が早く、2020年には31％を超えました。同時に人口減少も進
んでいるA市では、税収が頭打ちとなり、市職員を増員することが極めて
難しい状況にあります。

総人口：	約60,000人
65歳以上の人口：	約18,700人
高齢化率：	約31.4％
	（2020年９月現在）

A市担当係長へのヒアリング

　実施日時：2020年10月８日10時から１時間30分
　お話をお聞きした方：介護保険係長D氏
　　　　　　　　　　　地域共生係長E氏

　A市介護保険課では、実地指導以外にも「ケアプラン点検」や「介護給
付適正化」などの事業を並行して行っているので、事業所を訪問する機会
は多いとのことでした。また、市内のケアマネジャーの連絡会や隣接する
保険者との合同によるケアマネジャー研修会を開催したり、介護事業者向

けの研修を実施したりして、事業者との良好な関係を築いています。

　主に「実地指導の標準化・効率化等の運用について」が出された以降の動静について、取材させていただきました。

Q1. 実地指導前の事業所情報の収集に関する変化について

筆　者：実地指導前の事業所情報の収集はどのようにしていますか？

係　長：実地指導を予定している事業所に関する事前の情報収集は、主に**国保データ解析システム※**を利用して、介護給付費の偏りなどを見ていますが、以前より念入りに見るようにしています。

　　　　その他、**介護サービス情報公表センター**のホームページで、**事業者情報を閲覧**しています。例えば、居宅介護支援事業所の場合であれば、介護支援専門員の員数や利用者数、基礎資格や経験年数などの基本的なデータを見ています。

筆　者：国保データ解析システムで得られた介護給付費の偏りの情報を、実地指導でどのように活用していますか？

係　長：事業所には偏りが認められるケアプランを指定して提示を求め、介護給付の偏りの理由を聴取します。

筆　者：介護サービス情報公表の事業者情報を閲覧し、どのように実地指導に活用していますか？

係　長：介護支援専門員一人当たりの担当利用者数を確認したり、基礎資格や経験年数と担当利用者数との関係が事業所運営にどう反映されていたりするかがわかります。サービスの質の向上にも影響しているのではないかと見ています。

Q2. 実地指導当日の進め方について

筆　者：実地指導当日の指導の進め方は、以前と変わりましたか？

係　長：事業所ごとに違います。**報酬請求指導**と**運営指導**で担当を分担していることは変わりません。算定している加算が多い事業所では、報酬請求指導に時間をかけています。利用者数が多い事業所では、

運営指導にかかる時間が長くなります。

※）国保データベース（KDB）システムについて

　KDBシステムは、国保連合会が取り扱う健診、医療、介護の情報を取り扱う各システムと連携し、統計情報等を作成しています。KDBシステムにより解析されたデータが保険者に必要な情報として提供されています。その情報から、前述の介護給付費の偏りなどを把握することができます。

国保データベース（KDB）システムの全体像

Q3. 事業所が十分に理解できていない運営基準の項目について

筆　者：実地指導を実施していて、事業所に共通して理解ができていないと思われる運営基準の項目は、どういう点ですか？

係　長：初歩的な理解不足としては、**人員基準**です。員数や資格要件などが理解できていない事業所管理者がいます。運営基準には、利用者や家族に懇切丁寧に説明するよう書かれていますが、**重要事項説書や契約書の説明ができない管理者**もいました。

筆　者：人員基準の理解が足りなかったり、重要事項説明書、契約書を説明する力がなかったりするのは、なぜだと思いますか？

係　長：それは、コンプライアンスの取組が事業所全体でできていないからです。**法令遵守の意識が低いことが原因**です。

筆　者：そういう事業所には、実地指導の時に口頭で指摘し、改善するよう促しているのですか？

係　長：実地指導に限らず、あらゆる機会を通じて伝えています。

Q4. 運営基準通りに運営されている事業所について

筆　者：実地指導の結果、運営基準通りに運営されている事業所はどのくらいありますか？

係　長：具体的に統計を取っていませんが、１割程度だと思います。

筆　者：運営基準に沿って運営している事業所はどのような点で違いがありますか？

係　長：実施指導の結果、**特に重要な指摘事項がなく改善報告を求める必要がないことと、口頭による軽微な指摘事項もない事業所**ということです。

筆　者：そういう事業所を**優良事業所**と言うそうですが、優良事業所を増やすにはどうしたらよいのでしょうか？

係　長：積極的に他の事業者に優良事業所の運営状況を紹介し、お手本にしてもらうよう努めていきたいと思います。

Q5. 指定期間中に１回の実地指導の実施について

筆　者：第７期（2018年度から2020年度）の実施率についてですが、**指定期間中（６年）に１回の実施**が求められています。A市では、昨年度の実施率はいかがでしたでしょうか？

係　長：第７期の計画では2018年度はほぼ計画通り実施できましたが、2019年度は下期の最後に新型コロナ感染拡大の影響があり、計画よりやや少ない結果で終わりました。今年度（2020年度）の計画

は、ほとんど手つかずの状態です。

筆　者：第7期の3年間で実地指導計画を立てているそうですが、市内の
　　　　全事業所に対し、定期的に実地指導が行えるのでしょうか？

係　長：はい。6年に1回は必ず実施できるように計画しています。厚生
　　　　労働省は**3年に1回の実施を努力目標にするよう要請**しています。
　　　　実地指導の人員を確保できれば、3年に1回の実施も可能です。

筆　者：3年に1回の実施は理想ですが、実現できそうですか？

係　長：計画の立て方によっては、できると思います。実地指導の対象事
　　　　業所を3つのグループに分けて効率よく実施すれば、実施できる
　　　　のではないかと考えています。

　　　　　**①指定更新時及び3年ごとに実施の事業所、②前回改善報告を
　　　　求めた事業所、③緊急的に実施すべき事業所**というように、3つ
　　　　のグループに分けて計画を立てれば、市内の約260か所（介護事業
　　　　所・施設等すべて）の実地指導の実施は可能だと考えています。

筆　者：居宅介護支援事業所や地域密着型サービスについては、市に指定
　　　　権限があるので、3年に1回の実地指導を行うことは難しくない
　　　　と思いますが、現状はどうでしょうか？

係　長：すでに居宅介護支援事業所の実地指導については、概ね3年に1
　　　　回の実地指導を実施しています。また、サービスの質向上のため
　　　　のケアマネジャー向け研修会を、市とケアマネジャー連絡会との
　　　　共同開催で実施しています。

（参考）A市の介護保険事業所・施設数
居宅介護支援27　　訪問介護23　　訪問看護26　　通所介護6　　訪問入浴介護1
訪問リハビリテーション14　　福祉用具貸与4　　居宅療養管理指導108　　定期巡
回・随時対応訪問介護看護1　　地域密着型通所介護14　　認知症対応型通所介護2
ショートステイ5　（うち療養1）　　小規模多機能型居宅介護3
特別養護老人ホーム4　　介護老人保健施設2　　特定施設入居者生活介護6

Q6. 実地指導と集団指導講習会の連動性について

筆　者：実地指導の標準化・効率化を進めるにあたって、集団指導講習会の内容を変更する予定はありますか？

係　長：これまでと大きく変わることはないと思いますが、**前年度の実地指導で指摘事項が多かった事例や運営基準違反などをより具体的に説明します。**また、優良事業所の事例を紹介することも検討したいと思います。

筆　者：優良事業所の管理者に事業所運営について話してもらう時間を設け、他の事業所が参考になるような取組はいかがでしょうか？

係　長：できるかどうか検討してみたいと思います。事業所全体で運営基準の理解を深めていただけるよう、色々と工夫していきたいと思っています。

Q7. 県とA市の実地指導における役割分担について

　指定権限がサービスによって県と市（保険者）で違います。市（保険者）は、居宅介護支援及び地域密着型サービスの指定権限があるため、実地指導を実施します。県が指定権限を有するサービスに関する実地指導では、県と保険者が共同で実地しています。この場合の両者の役割分担はどうなっているのか聴いてみました。

筆　者：訪問介護事業所や通所介護事業所などに対する実地指導では、県と保険者がいっしょに行っているそうですが、その役割分担はどのようになっていますか？

係　長：県の担当者は、主に運営指導を担当し、市の担当者が報酬請求指導を受け持つようにしています。報酬請求指導では、加算の算定根拠を確認するために時間もかかります。また、事前に情報を収集した「国保データ解析システム」により、給付の偏りなどがあれば精査することになります。

筆　者：算定している加算が多い事業所とそうでない事業所では、当然、実

地指導にかかる時間が違いますが、そういうことでしょうか？

係　長：取得している加算が多い事業所では、加算の算定根拠を確認するために提示される資料を見て話を聞くことになるので、自ずと時間がかかります。

筆　者：報酬請求指導を効率よく進めるには、やはり「国保データ解析システム」の情報は頼りになるのでしょうか？

係　長：そうです。なるべく詳細に調べてから実地指導を行っています。

Q8. 改訂が予定されている『実地指導マニュアル』について

　『実地指導マニュアル』は、平成22年に改訂されて以降、見直しや改訂がされていません。マニュアル改訂がないまま「実地指導の標準化・効率化等の運用指針」が発出されました。この運用指針には、実地指導マニュアルの改訂を行う予定があることが記されています。

筆　者：運用指針に基づいた実地指導を実施し、一定期間経過後にアンケート調査を行い、実地指導マニュアルの改訂も予定されていますが、改訂に際しての要望などはございますか？

係　長：現在の実地指導マニュアルは具体的な指導手順の記載が少なく、現場の裁量に任せている内容になっているので、よりわかりやすい具体的なマニュアルを望みます。

筆　者：実地指導が長年にわたりローカルルールを生み出した要因でもありますから、わかりやすく具体的な手順や方法をマニュアルにしてほしいということでしょうか？

係　長：そもそも、実地指導の目的はサービスの質の確保のためであり、利用者がより良い介護サービスを受けられるために必要です。
　　　　事業者と保険者の共通認識と信頼関係に基づいて実施できるようにしたいものです。

筆　者：今回の実地指導の「標準化・効率化等の運用指針」を踏まえて実地指導マニュアルが改訂され、より多くの事業所を指導すること

により、その効果として、サービスの質の確保と利用者保護が期待されるところです。

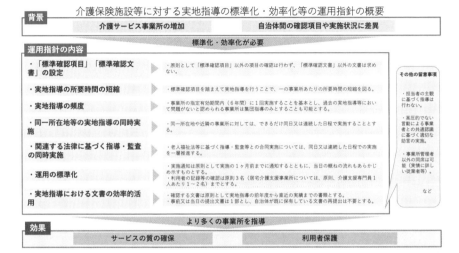

介護保険施設等に対する実地指導の標準化・効率化等の運用指針の概要

介護保険施設等に対する実地指導の標準化・効率化等の運用指針の概要

背景

介護サービス事業所の増加	自治体間の確認項目や実施状況に差異

標準化・効率化が必要

運用指針の内容

・「標準確認項目」「標準確認文書」の設定	・原則として「標準確認項目」以外の項目の確認は行わず、「標準確認文書」以外の文書は求めない。
・実地指導の所要時間の短縮	・標準確認項目を踏まえて実地指導を行うことで、一の事業所あたりの所要時間の短縮を図る。
・実地指導の頻度	・事業所の指定有効期間内（６年間）に１回実施することを基本とし、過去の実地指導等において問題がないと認められる事業所は集団指導のみとすることも可能とする。
・同一所在地等の実地指導の同時実施	・同一所在地や近隣の事業所に対しては、できるだけ同日又は連続した日程で実施することとする。
・関連する法律に基づく指導・監査の同時実施	・老人福祉法等に基づく指導・監査等との合同実施については、同日又は連続した日程での実施を一層推進する。
・運用の標準化	・実施通知は原則として実施の１ヶ月前までに通知するとともに、当日の概ねの流れもあらかじめ示すものとする。 ・利用者の記録等の確認は原則３名（居宅介護支援事業所については、原則、介護支援専門員１人あたり１～２名）までとする。
・実地指導における文書の効率的活用	・確認する文書は原則として実地指導の前年度から直近の実績までの書類とする。 ・事前又は当日の提出文書は１部とし、自治体が既に保有している文書の再提出は不要とする。

その他の留意事項

・担当者の主観に基づく指導は行わない。

・高圧的でない言動による事業者との共通認識に基づく適切な助言の実施。

・事業所管理者以外の同席は可能（実情に詳しい従業者等）。

など

効果

より多くの事業所を指導

サービスの質の確保	利用者保護

出典：「介護保険施設等に対する実地指導の標準化・効率化等の運用指針について」（令和元年５月29日）

実地指導を受ける側の
居宅介護支援事業所に聴く

居宅介護支援事業所の概要

　お話をお聴きした事業所は、神奈川県横浜市南区にある株式会社マザーライクが運営する「マザーライクケアセンター南」です。

```
＜運営会社＞
名称：　　　株式会社マザーライク
会社設立：　2012年10月
代表者：　　木村　淳（代表取締役）
事業内容：　居宅介護支援、訪問介護、福祉用具貸与・特定福祉用具販売・住宅改
　　　　　　修、指定特定相談支援事業、フットケア、介護用品・フットケア用品
　　　　　　等の販売
その他：　　横浜健康経営認証クラスＡ認証取得（2019年1月15日）

＜事業所の概要＞
事業所指定：　2012年12月
従業者：　　　4名（主任介護支援専門員資格者4名）
利用者数：　　120名
```

　同事業所は、管理者を含め、4名（うち1名非常勤）の介護支援専門員全員が主任介護支援専門員資格を取得しています。うち2名は経験年数10年以上で、地域の介護支援専門員連絡会を主導する事業所です。

マザーライクケアセンター南へのヒアリングの概要

　実施日時：2020年10月19日10時から1時間30分
　お話をお聴きした担当者：

　　　　　　　管理者（主任介護支援専門員）　　　信田　和子　氏
　　　　　　　主任介護支援専門員　　　　　　　　塩﨑　祐子　氏

マザーライクケアセンター南の公表情報

マザーライクケアセンター南

| 事業所の概要 | 事業所の特色 | 事業所の詳細 | 運営状況 | その他 |

記入日：2020年10月01日

介護サービスの種類	居宅介護支援
所在地	〒232-0052　神奈川県横浜市南区井土ヶ谷中町44-3　ライオンズマンションワイドリバー井土ヶ谷102号 地図を開く ☑
連絡先	Tel：045-730-5043／Fax：045-730-5078 ホームページを開く ☑

運営状況 | 事業所概要 | サービス内容 | 利用料 | 従業者情報 | 利用者情報 | 介護報酬の加算状況 | その他

● 運営状況：レーダーチャート　（レーダーチャートを閉じる）

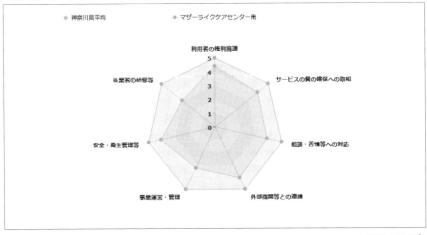

▲このページのトップへ

● 事業所概要

運営方針		要介護者の心身状態の状況、特性、置かれている環境等を踏まえ その有する能力に応じた自立した生活を営むことが出来るように支援します。
事業開始年月日		2012/10/10
サービス提供地域 ?		南区、西区、中区、港南区、保土ヶ谷区
営業時間	平日	9時00分～17時30分
	土曜	時分～時分
	日曜	時分～時分
	祝日	時分～時分
	定休日	土曜、日曜、祝祭日、年末年始
	留意事項	24時間連絡体制あり
緊急時の電話対応の有無 ?		045-730-5043

203

Q1.最近の介護保険外サービスの活用状況について

筆　者：ここ数年、集団指導講習会やケアマネジャーの研修等で、介護保険外サービスの活用を促す動きがあります。以前に比べて、ケアプランに位置付けるインフォーマルサービスや**介護保険外サービス**は増えましたか？

Ｃ　Ｍ：現在はあらゆる機会を通じて、介護保険外サービスを積極的に活用するよう求められています。

筆　者：介護保険外サービスの活用を求める理由は何でしょうか？

Ｃ　Ｍ：**総合事業**を利用していた要支援者が要介護になっても、切れ目なく予防を継続するためだったり、介護保険サービスでは対応できないニーズが多くなってきていたりするからではないでしょうか。

筆　者：具体的には、どのようなサービスがありますか？

Ｃ　Ｍ：一人暮しや老夫婦世帯が増えているので、**配食サービスや食材の宅配サービスの利用が増えています。**生協の宅配サービスはよく使われています。その他に、訪問理美容の利用も増えています。また、以前から活用されているシルバー人材センターも増えています。

筆　者：やはり、以前と比べて増えていると思いますが、それぞれのサービスの利用は、**サービス担当者会議**で決められていますか？

Ｃ　Ｍ：事前に利用者や家族の希望を聞いているので、サービス担当者会議でも話し合い、その必要性を確認しています。

Q2. ケアプランに位置付けた介護サービス計画書について

筆　者：実地指導では、ケアプランと訪問介護や通所介護などの個別サービス計画書を確認することがありますが、以前に増してその整合性を見られるようになるそうです。サービス担当者から提出された**計画書とケアプランとの整合性**をどのように確認していますか？

Ｃ　Ｍ：整合性と言えるかどうかわかりませんが、それぞれのサービス計

画書の介護目標が、ケアプランの短期目標を一字一句そのまま記載しているケースが多いです。もちろん、サービス内容については、詳細に確認しています。

筆　者：ケアプランの短期目標をそのまま転記したサービス計画書を認めている保険者と、そうでない保険者があり、整合性にバラツキがあるようですが、その点はいかがですか？

Ｃ　Ｍ：それよりもむしろ、サービス内容がケアプランの短期目標に合致しているかどうかが重要だと思います。

筆　者：ところが、実地指導担当者がそこまで見る力があるのかどうか、疑問が残るところです。

Q3. ケアプラン第1表「総合的な援助の方針」の理解度について

筆　者：ケアプランに位置付けた介護サービスを提供するサービス担当者が、ケアプラン第1表の「**総合的な援助の方針**」を理解していると感じるのは、どの程度の割合でしょうか。

Ｃ　Ｍ：以前は「総合的な援助の方針」を見ていただけていないと感じたことがありましたが、最近はサービス担当者会議の開催が当たり前になったので、会議で必ず説明し理解を求めています。

筆　者：サービス担当者は、ケアプランの説明を聴く機会が増えて「総合的な援助の方針」を理解する力が備わっているということでしょう。

Ｃ　Ｍ：サービス担当者会議の後に「**サービス担当者会議の要点**」を配付して、介護の内容を確認できるようになりました。

筆　者：今後の実地指導でも、「サービス担当者会議の要点」などを念入りに確認するようになると考えられます。それぞれのサービス担当者がケアマネジャーや他のサービス事業者と連携している状況を確認するためのようです。その連携の要が「総合的な援助の方針」だと考えているのではないでしょうか。

Q4. 事業所内に掲示している運営規程について

筆　者：実地指導では、従来も今後も必ず確認されるのが「**運営規程**」です。私も介護サービス情報の公表制度の調査員として介護事業所や施設を訪問すると、必ず運営規程を確認しますが、古い内容で掲示されている事業所もありました。どのくらいの頻度で運営規程を改訂していますか？

Ｃ　Ｍ：少なくとも、介護報酬改定があった時や制度改正があった後には見直して変更しています。

筆　者：ということは、3年程度に1回くらいの頻度で改訂していると思いますが、「運営規程」とともに「**重要事項説明書**」も見直して改訂することが必要です。何か工夫していることがありますか？

Ｃ　Ｍ：もちろん、改訂する場合には、両方を同時に見直して変更します。最終的には、社長の承認を得て改訂を確定しています。また運営規程と重要事項説明書の改訂日も同じ年月日にしています。

筆　者：利用者やその家族が、事業所内に掲示されている「運営規程」を見る機会はほとんどないと思いますが、それでも運営基準等で掲示しなければないことになっています。現状ではどうでしょうか？

Ｃ　Ｍ：確かに、利用者や家族が相談のために事業所に来られることはほとんどありません。もし、来られたとしても掲示している「運営規程」の文字が小さくて読めないと思います。

筆　者：利用者や家族が地域包括支援センターや居宅介護支援事業所などに足を運ぶことはほとんどないにもかかわらず、運営規程の掲示を義務づけているのは、運営規程を理解するための支援を事業者に求めているからです。

　　　　そう考えると、実地指導の際に、事業所内に掲示しているか否か、その内容に間違いがないかなどを確認するのは当然だろうと理解できます。実際には、ほとんど見てもらうことがない運営規程をどうしたら、見てもらえるのでしょうか？

C M：利用者や家族に見られることがないとわかっていても掲示している
のは、無駄だと思いますが、実地指導のためだけに掲示している
ような気がしています。

筆　者：本来の目的通り、利用者や家族に運営規程を見てもらえるように
するには、事業所や運営会社のホームページに掲載して、いつで
もだれでも簡単に閲覧できるようにしておくとよいのではないで
しょうか？

C M：要するに、掲示しているか否かではなく、利用者や家族が少しで
も運営規程を読んで理解できる機会を事業所が配慮して対応して
いるかが重要だということですね。

筆　者：利用者というより、正確には利用を検討している方やその家族が
利用申込の前に、運営規程を読んでいただくことが利用者本位の
サービスの始まりです。さらに、重要事項説明書やサービス契約
書もホームページに掲載していると、より効果的です。

Q05.「実地指導の標準化・効率化等の運用指針について」に関して

筆　者：標準確認項目や標準確認文書が以前より絞り込まれ、実地指導に
かかる時間が短くなると言われていますが、実地指導が以前より
簡単で楽になるか、絞り込まれた確認文書を詳細に確認されるの
か、どちらだと思いますか？

C M：単純に時間が短くなるから、簡単に済んで楽になりそうな気がし
ますね。

筆　者：昨年（令和元年）5月30日に厚労省より発出された「実地指導の
標準化・効率化等の運用指針について」の別紙に、居宅介護支援
事業所における標準確認項目と標準確認文書の表（137～138ペー
ジ参照）があります。こちらをご覧になっていますか？

C M：標準化、効率化されることは知っていましたが、内容の理解力不
足でした。当事業所はしばらく実地指導がありませんが、会社と
しては法令遵守の事業所運営を徹底しているので、**実地指導を受**

けて運営状態を確認したいと思っています。

筆　者：本来は、6年に1回、実地指導を実施することになっていますが、横浜市では事業所数が多く、実地指導を担当する職員を増やせず、現実には定期的に実施できないのが実情のようです。

Ｃ　Ｍ：実地指導と言えば、相当以前に一日かけて長い時間拘束され、いろいろな書類を見られたという記憶しかありません。

筆　者：その時の事前の準備は特別に何かやっていましたか？

Ｃ　Ｍ：直近で実地指導があった他の事業所にその様子を聞いたりして、必要な書類を整理したと思います。

筆　者：実地指導の実施の通知が来てから、あわてて実地指導対策に奔走する事業所が多いですが、今後はそれが通用しない可能性があります。日ごろから1つひとつ業務の見直しと改善を積み重ねる事業所運営が必要です。

Ｃ　Ｍ：区内の連絡会等の機会に、居宅介護支援事業所の方々へそういうことを伝えていきたいと思います。

Q6. 実地指導に役立つICT（情報通信技術）の導入状況について

筆　者：国を挙げてICT化を促進しようとしていますが、具体的に何か導入される予定や、すでに導入された実績がありますか？

Ｃ　Ｍ：最近、クラウド型の介護ソフトに入れ替えたところです。まだ慣れていないので、落ち着かない状態です。

筆　者：介護ソフトを入れ替えた目的は当然、効率化、省力化だと思いますが、具体的に業務の流れが変わった点を教えてください。

Ｃ　Ｍ：これから徐々にやっていく予定ですが、タブレット端末を持ち歩いて、利用者宅で暫定ケアプランを作成して提案したり、定期訪問の記録も訪問時に記録したり、いろいろと活用していきたいと考えています。

筆　者：今の時点で考えられるデメリットは、何かありますか？

Ｃ　Ｍ：タブレット端末でケアプランを作成し、利用者や家族に見せるこ

とはできても、結局は紙で交付することになるので、携帯用プリンターも必要になります。

筆　者：ICT化が進めば、サービス担当者会議もネットで開催できるようになったり、アセスメントやモニタリングの記録類が整理され、管理方法が改善されたりする可能性があります。

　　　　省力化、効率化した分、管理者の管理業務の精度も高まるのではないでしょうか。

Ｃ　Ｍ：徐々にそうなるように努力していきます。

第9章

実地指導における指摘事項ゼロを目指す

定期的な内部監査を
実施する

内部監査を実施している介護事業者の代表に聴く

　第9章では、まず始めに定期的な内部監査を行うことによって、法令遵守やサービスの質の確保の徹底を図っている介護事業者の例を紹介します。

＜株式会社やさしい手仙台の概要＞

会社設立：1999年1月12日

創業者：　現取締役会長　残間孝幸氏

代表者：　代表取締役社長　大森博氏

従業員数：167名（令和2年11月現在）

現　況：　㈱やさしい手フランチャイズチェーン加盟法人として、宮城県仙台市で
　　　　　訪問介護6事業所、居宅介護支援1事業所、通所介護2事業所、住宅型
　　　　　有料老人ホーム1か所を運営。
　　　　　介護保険制度創設の前年から、数名のスタッフでホームヘルパー養成講
　　　　　習事業を開始し、徐々に訪問介護事業と居宅介護支援を展開、現在に至る

　宮城県仙台市にある「株式会社やさしい手仙台」の大森博社長から、同社が実施している内部監査について、詳しいお話をうかがいました。

　なお、大森社長は「自主点検」という言葉を使われていますが、その内容は実質的な「**内部監査**」です。

　介護事業所が内部監査を行うには、その基準となるものが必要です。

　一般的に手順書やマニュアル等を基準としますが、介護事業所の事業運営については、実地指導と同様に「運営基準」をもとに検査、点検することになります。

株式会社やさしい手仙台に見る内部監査の事例

Q1. 点検（内部監査）を始めた動機について

筆　者：貴社が運営している介護事業所、施設等の点検（内部監査）を実施することになった理由（きっかけ）を教えてください。

大森氏：「平成21年度後期ケアプラン適正化事業」実施後の自己点検結果から報酬請求に不備が確認され、平成22年7月に当社の居宅介護支援事業所に対し、居宅介護サービス費の返還の通知がありました。

　　　　　当時私は統括部長の立場でしたから、その責任を痛感しました。

　　　　　また、その頃は全国で民間事業者の不正請求や運営基準違反等が目立つようになり、同時期に保険者の営利企業への指導、監査が強化されるようになったこともあります。

筆　者：一度支払われた介護報酬を数年に遡って返還を命じられた事業者を何件か見ていますが、それをきっかけに積極的に内部監査を始めた例は少ないです。その時の大森様のご決意をお聞かせください。

大森氏：返還を求められた介護報酬の額があまりにも大きく、二度と同じ失敗を繰り返さないために、前社長と相談しました。その結果、**実地指導よりきめ細かく、厳しい社内点検（内部監査）を行うことを決めました。**

Q2. 事業所の定期的な内部監査の実施状況について

筆　者：いつ頃から点検（内部監査）を始められましたか？

大森氏：居宅介護支援の報酬返還より前に、平成20年度から訪問介護事業の各事業所で自主点検を行い、残間前社長が自ら事業所運営の点検（内部監査）を行うようになりました。平成22年度から全事業所の点検を訪問介護事業の責任者である事業部長と課長が行うようになりました。平成23年度から事業所管理者の相互による点検を行うようになり、現在の仕組みができました。

また、通所介護事業については、平成30年度から㈱やさしい手フランチャイズ本部のスーパーバイザーの支援により開始し、その後に部門長による点検（内部監査）を行うようになりました。

筆　者：事業別の点検（内部監査）の頻度はどのようになっていますか？

大森氏：現在、居宅介護支援事業は自己点検シート等を活用し、毎月実施しています。

　　　　訪問介護事業は年に１回、全６事業所の点検を管理者が相互に行っています。その他障害サービス、登録特定行為（喀痰吸引等事業者）の点検（内部監査）も年に１回実施しています。通所介護事業も訪問介護事業と同様に年に１回の実施です。

Q3. 内部監査の具体的な実施方法について

筆　者：点検（内部監査）の具体的な実施方法はどのようになっていますか？

大森氏：居宅介護支援事業の場合は、**各ケアマネジャーが運営基準に関する独自のチェックシートで複数回実施しています。毎月最終営業日３日前に、ケアマネジャー間で相互にチェックし、最終営業日２日前には管理者が二次チェックを行います。**

　　　　特定事業所加算の要件チェックも独自に作成したチェックシートにより、管理者が点検（内部監査）を行っています。

　　　　訪問介護事業の場合は、指定権者である仙台市が作成した「**人員・設備・運営基準等　自己点検シート**」を活用し、主任（主任は各店舗（事業所）のサービス提供責任者に相当）以上の職員が各事業所相互に点検（内部監査）に加わって行っています。

　　　　通所介護事業も訪問介護事業と同様にこの自己点検シートを使用して、点検（内部監査）を実施しています。

筆　者：毎年同じ点検項目だと、マンネリ化して緊張感が薄れるのではないでしょうか。そのために何か工夫していることがありますか？

人員・設備・運営基準等　自己点検シート

【 訪問介護／訪問介護型サービス 】

自己点検にあたって

《 使用方法 》

① 次の基準に基づいて各項目を自己点検し、「点検結果」欄に記号を記入してください。
- ○ ： 基準を理解し、遵守できている
- △ ： 基準は概ね理解しているが、遵守できていない部分がある
- × ： 基準を理解しておらず、遵守できていない
- ／ ： 事業所として基準に該当しない
- ※ 今までに該当する事例がなかった基準についても、基準の趣旨を理解しているか、今後同様の事例が発生した場合に対応できるかといった視点で点検を行うこと。

② 点検結果が「△」又は「×」となった項目については、別紙「分析シート」を使用して現在の事業所の運営状況を分析し、早急に改善を行ってください。
- ※ 基準の取り扱い等について不明な場合は、解釈通知やQ＆A等を確認したうえで、

《 その他 》

① 制度改正や職員の入れ替わり時等だけでなく、定期的に自己点検を行ってください。

② 複数の職種・職員での確認や前回の実施結果との比較・分析など、事業所ごとに効果的

このシートで使用する根拠条文の略称については、以下のとおりです。

- 【 法 】： 「介護保険法」
- 【条例】： 「仙台市介護保険条例」
- 【居宅基準】： 「指定居宅サービス等の事業の人員、設備及び運営に関する基準」
- 【総合要綱】： 「仙台市介護予防・日常生活支援総合事業における訪問介護型サービス事業者、通所介護型サービス事業者、生活支援訪問型サービス事業者及び生活支援通所型サービス事業者の指定等に関する要綱」
- 【居宅報酬基準】： 「指定居宅サービスに要する費用の額の算定に関する基準」
- 【総合報酬要綱】： 「仙台市介護予防・日常生活支援総合事業における訪問介護型サービス、通所介護型サービス、生活支援訪問型サービス及び生活支援通所型サービスに要する費用の額の算定に関する要綱」

事業所名	
記入者職・氏名	【職名・職種】 【氏　名】
点検年月日	年　　　月　　　日

出典：仙台市

大森氏：ご指摘のようなことが気になり、毎年開催される仙台市集団指導講習会で報告される前年度の実地指導の事例を参考にしたり、実地指導のポイントや方針を分析したりして、その年の点検項目に反映しています。

筆　者：今年の実施状況を具体的に教えてください。

大森氏：毎年、計画的に実施するために予定表を作成しています。こちらが**令和2年度自己点検実施予定表**です。

令和2年度　自己点検実施予定表

	実施月	店舗名	実施月日	点検者	店舗担当者	自己点検結果改善指示書提出日		改善報告書締切日	受付日	事後指導	点検完了日
介護保険	1	幸町	1月21日	宮城野店管理者	幸町店管理者	7営業日以内	1月30日	指示から1ヶ月以内	3月2日	3月3日	要・(不要)	3月6日
		泉中央	1月31日	南光台店管理者	泉中央店管理者		2月12日		3月12日	3月9日	要・(不要)	3月12日
	2	吉成	2月13日	若林店管理者	吉成店管理者		2月19日		3月19日	3月19日	要・(不要)	3月24日
		宮城野	2月20日	泉中央店管理者	宮城野店管理者		3月3日		4月3日	4月3日	要・(不要)	4月8日
	3	南光台	3月16日	幸町店管理者	南光台店管理者		3月24日		4月24日	4月24日	要・(不要)	5月15日
		若林	3月17日	吉成店管理者	若林店管理者		3月23日		4月23日	4月30日	要・(不要)	5月12日
障害福祉サービス	4	幸町	4月13日	宮城野店管理者	幸町店管理者	7営業日以内	4月24日	指示から1ヶ月以内	5月24日	5月26日	要・(不要)	6月5日
		泉中央	4月15日	南光台店管理者	泉中央店管理者		4月22日		5月22日	5月14日	要・(不要)	5月22日
	5	吉成	5月21日	若林店管理者	吉成店管理者		5月28日		6月29日	6月26日	要・(不要)	6月29日
		宮城野	5月21日	泉中央店管理者	宮城野店管理者		5月28日		6月29日	7月6日	(要)・不要	7月21日
	6	南光台	6月17日	幸町店管理者	南光台店管理者		6月26日		7月27日	7月22日	要・(不要)	8月21日
		若林	6月15日	吉成店管理者	若林店管理者		6月23日		7月27日	6月29日	要・(不要)	7月10日

※特定行為業務については、障害福祉サービスと同時に点検を行う

出典：㈱やさしい手仙台提供

Q4. 内部監査実施後の監査結果の取扱いについて

筆　者：事業所の管理者間で相互に点検（内部監査）を行い、改善すべき課題が判明した場合の措置はどのようにされていますか？

大森氏：実地指導と同じように、改善すべき点がある場合には点検（内部監査）した管理者が点検された事業所（被監査事業所）に対して、**「自己点検結果指示書兼改善報告書」**にその旨をまとめて提出します。これを受けた被監査事業所の管理者は、期日までに改善状況を報告することになります。

筆　者：そうすることにより、確実に業務の改善が進みますね。一般的な内部監査やISOの継続的改善と同じ手法ですが、効果を実感されていますか？

大森氏：ベテランの社員を中心に定期的に運営基準等の知識を深めているので、日々の運営業務が適正に行われています。

自己点検結果指示書兼改善報告書

点検結果報告及び改善指示書

兼改善報告書

店　名	訪問介護事業所　A	点検実施年月日	令和2年3月16日（月）
		改善報告年月日	令和2年4月20日（月）
点検者職名　氏名		訪問介護事業所　B　管理者●●●●	
報告者職名　氏名		訪問介護事業所　A　管理者●●●●	
点検結果及び改善指示事項		**改善状況の報告**	

点検結果及び改善指示事項	改善状況の報告
【（介護予防）訪問介護事業所】 1「指定訪問介護事業者は、指定訪問介護を提供した際に、当該指定訪問介護の提供日及び内容、当該指定訪問介護について法第41条第6項の規定により利用者に代わって支払を受ける居宅介護サービス費の額その他必要な事項を、利用者の居宅サービス計画を記載した書面又はこれに準ずる書面に記載しなければならない」とされているが、整合性がとれない事例が見受けられるので改めること。 （居宅基準第19条）	1　ご指摘がありました▲▲様の記録書を訂正しましたので、ご確認ください。 資料①
2「サービス提供責任者は、利用者の日常生活全般の状況及び希望を踏まえて指定訪問介護の目標、当該目標を達成するための具体的なサービスの内容等を記載した訪問介護計画を作成しなければならない」とされているが援助の方向性の検討が不十分なこと、また、「訪問介護計画書を作成した際には遅滞なく利用者に交付しなければならない」とされているが、適切に実施されていない事例が見受けられるので改めること。 （居宅基準第24条）	2　ご指摘がありました◆◆様、◇◇様の情報収集した記録を更新しましたので、ご確認ください。 資料②－1 資料②－2 2　ご指摘がありました●●様の訪問介護計画書（1）を作成しましたので、ご確認ください。 資料③

出典：㈱やさしい手仙台提供

Q5. 長年の内部監査による具体的な効果（成果物）について

筆　者：10年以上継続されている自主的な点検（内部監査）により、その成果を実感されているようですが、具体的な効果を教えてください。

大森氏：運営基準や介護報酬、加算報酬の根拠となる書類、記録等が整備され、**介護サービス情報の公表に係る訪問調査や実地指導の際にも慌てることなく対応できています。**

筆　者：事業所の職員の方々の意識も相当変わったと思いますが、どのように変化しましたか？

大森氏：実際に実地指導の実施通知を受けても、準備に要する時間は少な

く、日常業務にも支障はありません。むしろ職員たちは、「行政担当者がわざわざ出向いて指導に来てくれる。」と、前向きに受け止めています。

筆　者：定期的な点検（内部監査）を始めてから、実地指導の結果にどのような変化がありましたか？

大森氏：点検を開始してから、各事業所の実地指導による指摘事項が減りました。平成28年度からの4年間で5事業所の実地指導がありましたが、文書による指摘事項は1事業所1項目のみでした。

筆　者：大森社長のお話をうかがっていると、継続的に実施している点検（内部監査）が単なる実地指導対策ではなく、それ以上の成果を上げられていると感じますが、いかがでしょうか？

大森氏：自己点検や相互の点検は、「法令遵守を徹底すると同時に、スタッフのスキルを向上させるための機会である。」という認識で実施しています。各事業所が指摘事項を運営課題とすることで、改善過程を通じてスタッフ全員が運営基準等について理解を深め、専門性を高めることが可能になる仕組みとなっています。

　特に、訪問介護事業ではサービス提供責任者のサービスプロセス管理能力の向上に役立っており、特定事業所加算についても自信をもって算定することができています。また、居宅介護支援事業所ではケアマネジャーが個々の自己管理、自己点検では発見できない不備を把握することで、当月中に修正することができ、正確な報酬請求業務につながっています。

　ケアマネジメント業務は、個々のケアマネジャーの自己完結に陥りやすく、不備や間違いに気付きにくいものですが、定期的な点検を通じて他のケアマネジャーから指導、助言を受けることにより、サービスの質の向上の継続性が担保されています。

　また、日常的に指導や助言の機会が多くなり、人材を育成する環境も確保できています。

筆　者：大変貴重なお話をお聴かせいただき、ありがとうございました。

第三者評価などの
外部監査を活用する

第三者の視点でチェックする外部監査

　筆者は、以前外部監査や第三者評価に関わっていたことがあります。

　介護事業だけでなく、大型商業施設を運営する会社の依頼によりテナント店舗の覆面調査を行って、店舗ごとの顧客対応やサービス提供の品質チェックを実施したこともあります。また、某政令市の複数の区役所の窓口対応や電話対応の覆面調査に携わったこともあります。

　依頼者は、第三者の客観的な視点で評価された結果を重視し、**内部監査等では発見できない改善課題を見つけることができる**と考えているのです。

顧客サービスとしての品質管理の向上

　介護従事者や介護職員が最新の介護技術を身に付け、必要な知識を学ぶことは、サービスの質の向上のためにも継続が必要です。同時に、サービスの依頼から提供、その後のモニタリングなどを含む一連のサービス提供プロセスの管理も極めて重要です。それが介護サービスの品質管理です。

　定期的な内部監査や自主的な点検、自己点検等々を行うことは、顧客サービスの品質管理の観点から大変重要であり、必要な管理業務です。加えて外部監査を活用することは、**より顧客の視点に近づけて点検ができるという大きなメリット**があります。

　前節のやさしい手仙台では、居宅介護支援が毎月自己点検を行い、訪問介護や通所介護は事業所管理者相互で行う内部監査（自主点検）を年に1回実施しています。これらを補完する意味で、**2、3年に一度の外部監査を行えば、内部監査の成果も客観的に検証できる**ものと考えられます。

自己評価とアンケート評価を
組み合わせる

ホテル業界に見る顧客満足度調査の実践

　筆者は、数年前まで仕事で出張することが多く、頻繁にビジネスホテルを利用していました。客室に入ると、必ずデスクやテーブルに置いてあるのがアンケート用紙です。どのホテルにもあり、それだけ宿泊者である顧客の声に耳を傾ける姿勢が明確だということを現わしていました。

　アンケート用紙の回収方法には２種類がありました。１つは記入したアンケート用紙をそのままデスクの上に置いておくという方法、もう一方はチェックアウトの際にフロントのスタッフに手渡すという方法です。

　また、数少ない事例として、アンケート用紙を封筒に入れ、後日投函するという方法もありました。その封筒の宛先は「○○ホテル統括マネージャー　行」とか、「○○ホテル支配人　行」でした。ホテルの管理責任者に直接到達するアンケート用紙であれば、顧客は本音でアンケートに答えるだろうという考え方があるようです。

顧客満足度への対応が遅れている介護業界

　介護事業では、利用者やその家族に対して介護サービスに関するアンケート調査を行っているでしょうか。

　時々耳にするのは、「利用者から、『いつもありがとう。』と言われていますから、きっとご満足いただいていると思います。」とか、「ご家族から、『ヘルパーさんが来てくれるから本当に助かっている。』と、よく言われ、感謝されています。」という介護事業所管理者の話です。これだけで利用者や家族の顧客満足度が高いと判断しているようですが、利用者や家族は本当

にそう思っているのでしょうか。筆者は、複数の介護事業者から「利用者アンケート調査を実施して、予想外の結果が出ました。」とか、「利用者アンケート調査で、我々が見落としていたことに気付きました。」などという声を聞いたことがあります。

顧客満足度を正確に把握するという点においては、明らかに介護業界は遅れていると言わざるを得ません。

また、アンケートの集計結果をホームページなどに掲示している介護事業者はまだまだ少ないです。集計・分析結果から改善すべき課題が抽出され、サービス提供や利用者、家族への対応方法などの質向上につなげるためにも、定期的にアンケート調査を実施した方がよいでしょう。

アンケート調査と事業所内自己評価

事業所内では自己評価を行い、アンケート調査で利用者や家族の顧客満足度を把握し、その結果を分析しています。**アンケートの集計・分析結果と事業所内自己評価結果を突き合わせると、事業所としての強みや弱みが客観的に見えてきます。**

顧客アンケート調査は準備が大切で、何を知りたいかによっても、その内容、質問項目が変わります。

例えば、新規の利用者だけを対象としたアンケート調査を行う場合には、初めて利用する介護サービスをどう受け止めているか、サービス提供の状況、日常生活の変化などが考えられます。対象は、サービス利用期間が1年未満、あるいは半年以内の利用者に限定します。

また、要介護度を限定したアンケートも考えられます。例えば、要介護1・2に限定するとか、重度の利用者だけを対象とする方法もあります。

筆者が介護サービス情報の公表制度の調査員として、介護事業所や介護施設を訪問し調査した件数は約330か所です。その多くは、事業所内自己評価を行っておらず、そもそもそのやり方、実施する意義も理解されていませんでした。

事業所内自己評価表のモデルを紹介しますので、参考にしてください。

居宅サービス事業者のサービス評価項目

居宅サービス事業者のサービス評価項目（訪問介護、訪問看護用）

【自己評価の意義・目的】
○自己評価は、事業者自らが主体的にサービスの評価を行い、サービスの提供状況を見直すことにより、
　サービスの質の向上を図るシステムの1つです。
○サービスの質の向上は、この自己評価をはじめ、事業者の取り組みを第三者の目で確認して評価を行う
　第三者評価、苦情解決制度や権利擁護制度、さらには、アンケート調査等による利用者からの声の反映、
　オンブズマン機能などが相まって実施することにより達成されるものです。

記入年月日	平成　年　月　日		
法人名			
代表者（理事長）名			
介護保険事業所番号	2 7		
事業所	名称		
	所在地		
記入担当者職・氏名	（職）　　（氏名）	連絡先電話番号	－ －

【自己評価の実施方法】
○法人代表者の責任の下で、管理者が従業者と協議しながら実施してください。
○「評価項目」ごとに該当する□①などの□にチェックをした上で、A・B・Cのいずれかの□にチェックをし、
　評価をしてください。
○その判断した理由や根拠のポイントを記入してください。
○少なくとも、年に1回は自己評価を実施してください。
○優れている点や改善すべき点などの特記事項についても、別途、記録しておいてください。
○改善すべき事項については、改善のための計画（任意様式）を作成するなど、事業所で改善に取り組んで
　ください。
○評価結果及び記録等は、評価を完了した日から2年間は保存してください。

【評価項目の構成】
Ⅰ　組織体制
　　1　運営方針等
　　2　事業計画
　　3　管理者及びサービス提供責任者の役割
Ⅱ　人材育成
　　1　職員の資質の向上
　　2　福祉人材の育成
Ⅲ　利用者本位
　　1　コミュニケーション
　　2　人権・プライバシーの保護
　　3　自立支援
　　4　対等なサービス利用
　　5　訪問介護計画
Ⅳ　適切なサービス運営
　　1　サービス運営
　　2　相談
　　3　苦情の対応
　　4　事故発生時の対応
　　5　衛生管理
　　6　地域との連携
　　7　自己評価
Ⅴ　介護技術
　　1　食事介助
　　2　入浴介助
　　3　おむつ交換
　　4　排泄介助
　　5　移乗・移動介助
　　6　褥瘡予防
　　7　認知症高齢者への対応
　　8　家事援助

出典：大阪府／様式ライブラリーより

自己評価シート

自　己　評　価　シ　ー　ト（訪問介護、訪問看護用）

Ⅰ　組織体制

1　運営方針等		判断した理由や根拠
①事業の目的や運営の方針を職員に周知している。	A□　会議や研修などを通じて事業の目的や運営の方針が記載された書面を配布し、周知徹底を図っている。 B□　事業の目的や運営の方針を職員に周知しているが、それらを記載した書面の配布は行っていない。 C□　事業の目的や運営の方針を職員に周知していない。	
②サービスの質の向上に向けた業務改善に取り組んでいる。	A□　会議や委員会などを通じて業務改善に関する職員の意見を定期的に把握した上で、これを活かした業務改善に取り組んでいる。 B□　業務改善に取り組んでいるが、十分には業務改善に関する職員の意見を反映したものとはなっていない。 C□　サービスの質の向上に向けた業務改善に取り組んでいない。	
2　事業計画		判断した理由や根拠
①サービスの質の向上を意図した事業計画を策定している。	A□　サービスの質の向上を図るための具体的な取り組みが事業計画に記載されている。 B□　サービスの質の向上を意図した事業計画はあるが、事業計画に具体的な取り組みが記載されていない。 C□　サービスの質の向上を意図した事業計画を策定していない。	
②事業計画の実施状況に関して評価を行っている。	A□　事業計画に関する実施状況及び結果の評価を行っており、その際には、職員の意見を聞いている。 B□　事業計画に関する実施状況及び結果の評価を行っているが、その際には、職員の意見を聞いていない。 C□　事業計画に関する実施状況及び結果の評価を行っていない。	
3　管理者及びサービス提供責任者の役割		判断した理由や根拠
①管理者やサービス提供責任者が明確に位置づけられている。	A□　サービスの質の管理責任者であることや利用者からの相談、苦情等への対応責任者であることが明確に書面で定められている。 B□　明確に書面には定められていないが、サービスの質の管理責任者であること及び利用者からの相談、苦情等への対応責任者であることが位置づけられている。 C□　サービスの質の管理責任者であることや利用者からの相談、苦情等への対応責任者であることが位置づけられていない。	
②積極的に職員に助言したり、相談にのったりしている。	A□　常日頃から職員との意思疎通に心がけ、職員が困難に遭遇していることや職員から相談を持ちかけられそうなことを事前に察知し、積極的に助言を行っている。 B□　職員が困難に遭遇していることを発見した場合や職員から相談を持ちかけられた場合には、助言を行っている。 C□　職員に助言したり、相談に乗ったりする取り組みを行っていない。	

出典：大阪府／様式ライブラリーより

事業所全体で運営基準の
理解を深める

運営基準は管理者だけ理解していればよいわけではない

　「指定居宅サービス等の事業の人員、設備及び運営に関する基準」、「指定
居宅介護支援等の事業の人員及び運営に関する基準」及び「指定介護老人
福祉施設の人員、設備及び運営に関する基準」（以下、「運営基準」という）
には、それぞれ「**管理者の責務**」という条項があります。

　例えば、指定居宅サービスの運営基準の第28条第2項には、「2　指定訪
問介護事業所の**管理者は、当該指定訪問介護事業所の従業者にこの章の規
定を遵守させるため必要な指揮命令を行うものとする。**」とあります。指定
居宅介護支援等の運営基準では第17条第2項で、指定介護老人福祉施設の
運営基準では第22条第2項で、それぞれ管理者に求めている全く同じ内容
が記されています（224ページ参照）。

　管理者は責務として、事業所の従業者等に対し「この章の規定を遵守さ
せる…」となっています。従業者等が運営基準を遵守しながら業務を遂行
するには、運営基準を十分に理解していなければなりません。

　管理者や施設長の一部には、「ヘルパーさんは難しいことはわからないか
ら、とにかく利用者に寄り添ってサービスを提供してくれればよい」とか、
「施設運営の責任は施設長にあるので、介護職員は入所者のことだけ考えて
仕事していればそれで十分だ」という考え方が見受けられます。

　しかし、本当にそれでよいのでしょうか。野球やサッカーの選手に、「細
かいルールを知らなくてもいいから、プレーに集中してくれればいい。」と
いう監督がいるでしょうか。ルールやセオリーを十分に理解していない選
手はいないはずです。

<＜指定居宅サービス等の事業の人員、設備及び運営に関する基準＞

（管理者及びサービス提供責任者の責務）

第二十八条　指定訪問介護事業所の管理者は、当該指定訪問介護事業所の従業者及び業務の管理を、一元的に行わなければならない。

2　指定訪問介護事業所の管理者は、当該指定訪問介護事業所の従業者にこの章の規定を遵守させるため必要な指揮命令を行うものとする。

（第3項省略）

＜指定居宅介護支援等の事業の人員及び運営に関する基準＞

（管理者の責務）

第十七条　指定居宅介護支援事業所の管理者は、当該指定居宅介護支援事業所の介護支援専門員その他の従業者の管理、指定居宅介護支援の利用の申込みに係る調整、業務の実施状況の把握その他の管理を一元的に行わなければならない。

2　指定居宅介護支援事業所の管理者は、当該指定居宅介護支援事業所の介護支援専門員その他の従業者にこの章の規定を遵守させるため必要な指揮命令を行うものとする。

＜指定介護老人福祉施設の人員、設備及び運営に関する基準＞

（管理者の責務）

第二十二条　指定介護老人福祉施設の管理者は、当該指定介護老人福祉施設の従業者の管理、業務の実施状況の把握その他の管理を一元的に行わなければならない。

2　指定介護老人福祉施設の管理者は、従業者にこの章の規定を遵守させるために必要な指揮命令を行うものとする。

　介護保険制度の下で介護サービスを提供するには、施設、事業所全体で運営基準を理解することが大前提です。少々時間がかかっても従業者や介護職員が事業運営に必要なルールを理解することにより、実地指導における指摘事項ゼロを目指すスタートラインに立つことができます。

実地指導担当者より理解を深めておくことが強みになる

　都道府県や市町村の実地指導や監査を担当する職員は、数年で移動になります。同じ職場に20年も勤務することはあり得ません。介護事業所の管理者や介護施設の施設長、居宅介護支援事業所の管理者や介護支援専門員

などは、介護現場に長く携わってきた経験や知識があります。

　一方、行政職員は定期的に人事異動があり、年度末まで消防署勤務だった職員が新年度から介護保険課に異動になることもあります。

　最悪なのは、異動に伴う引き継ぎがほとんどできないケースが多いと聞いたことがあります。結局、新しい職場に赴任して未経験の業務に就いてから、短期間で必要な情報や知識、業務の現状を把握することになります。

　これには個人差があり、俗人的な対応になりがちです。真面目で几帳面な人ほど徹底した理解に努めるでしょうが、そうでなければ、業務に支障がない程度の概要を理解するだけとなっていても不思議はありません。

　介護事業所の施設長や管理者、介護支援専門員などを務める人々にとって、長年培ってきた経験や知識、資格や体得した技術などを強みとして活かすにはどうすればよいのでしょうか。

　それには、日々行われている業務の１つひとつを、運営基準の各条項に照らして考えるように意識することです。**従業者等が運営基準を十分に理解してサービスを提供するようになると、事業所全体、施設全体の大きな強みになります。実地指導があった場合に、それをやり過ごすための場当たり的な実地指導対策を行う必要もなくなります。**

　「実地指導における指摘事項ゼロを目指す」ことは、決して無理なことではありませんし、特別に難しいことでもありません。むしろ、事業所全体、施設全体のサービス提供業務の品質が向上し維持されることにつながります。本章の冒頭でご紹介した㈱やさしい手仙台は、その事例として大いに参考になります。

2021年度
介護報酬改定の概要

●2021-2023年度介護報酬改定

令和元年5月30日に、介護保険最新情報Vol.730「介護保険施設等に対する実地指導の標準化・効率化等の運用指針について」が発出されて2年近く経ちます。徐々に実地指導が変わり始めている中で、2021年度は介護報酬の改定があり、併せて運営基準の改正も予定されています。

2021（令和3）年度の**介護報酬の改定率は、平均＋0.7%**（うち、新型コロナウイルス感染症に対応するための特例的な評価0.05%（令和3年9月末までの間））の微増と大きな変化がないものの、その一方で、全サービスに求める「感染症対策の強化」や「業務継続に向けた取組の強化」、「ハラスメント対策の強化」など9つの項目が運営基準に加わります。

その他に各サービスについてのさまざまな基準等の改正があります。数年後には、改正された基準に基づいて実地指導が実施されることになるでしょう。介護事業者の皆様には、これまで以上に運営基準に沿った事業運営が求められるようになります。

巻末資料として、2021（令和3）年1月13日の社会保障審議会介護給付費分科会（第198回）資料より、**「令和3年度介護報酬改定に関する審議報告の概要」**、**「指定居宅サービスの事業の人員、設備及び運営に関する基準等の改正の主な内容について」**を掲載しましたので、ご参照ください。

令和3年度介護報酬改定に関する審議報告の概要

新型コロナウイルス感染症や大規模災害が発生する中で「感染症や災害への対応力強化」を図るとともに、「地域包括ケアシステムの推進」、「自立支援・重度化防止の取組の推進」、団塊の世代の全てが75歳以上となる2025年に向けて、2040年も見据えながら、「介護人材の確保・介護現場の革新」、「制度の安定性・持続可能性の確保」を図る。

1. 感染症や災害への対応力強化

■感染症や災害が発生した場合であっても、利用者に必要なサービスが安定的・継続的に提供される体制を構築

○日頃からの備えと業務継続に向けた取組の推進
・感染症対策の強化 ・業務継続に向けた取組の強化 ・災害への地域と連携した対応の強化 ・通所介護等の事業所規模別の報酬等に関する対応

2. 地域包括ケアシステムの推進

■住み慣れた地域において、利用者の尊厳を保持しつつ、必要なサービスが切れ目なく提供されるよう取組を推進

○認知症への対応力向上に向けた取組の推進
・認知症専門ケア加算の訪問系サービスへの拡大 ・無資格者の認知症介護基礎研修受講義務づけ ・ガイドラインの取組推進

○看取りへの対応の充実
・老健施設等の対応の強化 ・施設等における評価の充実

○医療と介護の連携の推進
・長期療養・療養生活を支える医療と介護の連携の推進 ・長期入院患者の介護医療院での受入れ推進

○在宅サービス、介護保険施設や高齢者住まいの機能・対応強化
・訪問看護や訪問入浴の充実 ・緊急時の宿泊対応の充実 ・個室ユニットの定員上限の明確化

○ケアマネジメントの質の向上と公正中立性の確保
・質の向上に資する取組の推進 ・医療機関との情報連携強化 ・介護予防支援の充実

○地域の特性に応じたサービスの確保
・過疎地域等への対応 (地方分権提案)

3. 自立支援・重度化防止の取組の推進

■制度の目的に沿って、質の評価やデータ活用を行いながら、科学的に効果が裏付けられた質の高いサービスの提供を推進

○リハビリテーション・機能訓練、口腔、栄養の取組の連携・強化
・計画作成や多職種間会議でのリハ、口腔、栄養専門職の関与の明確化 ・リハビリテーションマネジメントの強化 ・退所後の質向上のための取組の充実 ・通所介護や特養等における外部のリハ専門職等との連携による介護の推進 ・通所介護における栄養・口腔の一体的取組の強化 ・介護保険施設や通所介護における口腔衛生管理や栄養マネジメントの推進

○介護サービスの質の評価と科学的介護の取組の推進
・CHASE・VISIT情報の収集・活用とPDCAサイクルの推進 ・ADL維持等加算の拡充

○寝たきり防止等、重度化防止の取組の推進
・施設での生活実態の評価 ・褥瘡マネジメント、排せつ支援の強化

4. 介護人材の確保・介護現場の革新

■喫緊・重要な課題として、介護人材の確保・介護現場の革新に対応

○介護職員の処遇改善や職場環境の改善に向けた取組の推進
・特定処遇改善加算の計算方法の一部見直し ・職員の離職防止・定着に資する取組による取得促進 ・サービス提供体制強化加算における介護福祉士が多い職場の評価の充実

○テクノロジーの活用や人員基準・運営基準の緩和を通じた業務効率化・業務負担軽減の推進
・見守り機器を導入した場合の夜間における人員配置の緩和 ・3ユニットの認知症対応型GHの夜勤職員体制の緩和 ・会議や多職種連携におけるICTの活用 ・介護現場の業務負担軽減・業務効率化の推進

○文書負担軽減や手続きの効率化による介護現場の業務負担軽減の推進
・署名・押印の見直し ・電磁的記録による保存等 ・運営規程の掲示規制の柔軟化

5. 制度の安定性・持続可能性の確保

■必要なサービスは確保しつつ、適正化・重点化を図る

○評価の適正化・重点化
・区分支給限度基準額の計算方法の一部見直し ・長期間利用の介護予防リハの評価の見直し ・訪問看護のリハの評価・提供回数等の見直し ・居宅療養管理指導の居住場所に応じた評価の見直し (Ⅳ) ・生活援助の訪問回数が多い利用者等のケアプランの検証

○報酬体系の簡素化
・月額報酬の介護 (療養通所介護) ・加算の整理統合 (リハ、口腔、栄養等)

6. その他の事項

・介護保険施設におけるリスクマネジメントの強化 ・高齢者虐待防止の推進 ・基準費用額 (食費) の見直し

227

1. 感染症や災害への対応力強化

■感染症や災害が発生した場合であっても、利用者に必要なサービスが安定的・継続的に提供される体制を構築

（1）日頃からの備えと業務継続に向けた取組の推進

○感染症対策の強化

介護サービス事業者に、感染症の発生及びまん延等に関する取組の徹底を求める観点から、以下の取組を義務づける。
・施設系サービスについて、現行の委員会の開催、指針の整備、研修の実施等に加え、訓練（シミュレーション）の実施
・その他のサービスについて、委員会の開催、指針の整備、研修の実施、訓練（シミュレーション）の実施等

（※3年の経過措置期間を設ける）

○業務継続に向けた取組の強化

感染症や災害が発生した場合であっても、必要な介護サービスが継続的に提供できる体制を構築する観点から、全ての介護サービス事業者を対象に、業務継続に向けた計画等の策定、研修の実施、訓練（シミュレーション）の実施等を義務づける。

（※3年の経過措置期間を設ける）

○災害への地域と連携した対応の強化

災害への対応においては、地域との連携が不可欠であることを踏まえ、非常災害対策（計画策定、関係機関との連携体制の確保、避難等訓練の実施）を求める介護サービス事業者（通所系、短期入所系、特定、施設系）を対象に、小多機等の例を参考に、訓練の実施に当たって、地域住民の参加が得られるよう連携に努めなければならないこととする。

○通所介護等の事業所規模別の報酬に関する対応

通所介護等の報酬について、感染症や災害の影響により利用者が減少した場合に、状況に即した安定的なサービス提供を可能とする観点から、足下の利用者数に応じて柔軟に事業所規模別の各区分の報酬単価による算定を可能とするとともに、臨時的な利用者の減少に対応するための評価を設定する。

2. 地域包括ケアシステムの推進

■住み慣れた地域において、利用者の尊厳を保持しつつ、必要なサービスが切れ目なく提供されるよう取組を推進

（1）認知症への対応力向上に向けた取組の推進

○ 認知症サービスにおける認知症対応力を向上させていく観点から、訪問系サービスについて、認知症専門ケア加算を新たに創設する。

○ 緊急時の宿泊ニーズに対応する観点から、多機能系サービスについて、認知症状急対応加算を新たに創設する。

○ 介護に関わる全ての者の認知症対応力を向上させていくため、介護に直接携わる職員が認知症介護基礎研修を受講するための措置を義務づける。

（※3年の経過措置期間を設ける）

（2）看取りへの対応の充実

○ 看取り期における本人・家族との十分な情報共有と関係者との連携を一層充実させる観点から、基本報酬や看取りに係る加算の算定要件において、「人生の最終段階における医療・ケアの決定プロセスに関するガイドライン」等の内容に沿った取組を行うことを求める。

○ 認知症GHの看取りに係る加算について、現行の死亡日及び死亡日前30日前からの算定に加えて、それ以前の一定期間の対応についても、新たに評価する。

○ 特養、老健施設や介護付きホーム、介護付きホーム、看取り期において夜勤又は宿直の看護職員を配置している場合に、新たに評価する。

○ 看取り期の利用者に訪問介護を提供する場合に、訪問介護に係る2時間ルール（2時間未満の間隔のサービス提供は所要時間を合算すること）の例外として、所定単位数の算定を可能とする。

（3）医療と介護の連携の推進

○ 医師等による居宅療養管理指導において、利用者の社会生活面の課題にも目を向け、地域社会における様々な支援へとつなげるよう留意し、関連する情報を多職種に提供するよう努めるよう努めることとする。

○ 老健療養について、基本報酬における評価を見直すとともに、医療ニーズのある利用者の受入れ促進の観点から、総合的な医学的管理を評価する。

○ 短期療養について、適切な医療を提供する観点から、所定疾患施設療養費について、検査の実施の明確化や算定日数の延長、対象疾患の追加を行う。

○ かかりつけ医等との連携を推進し、継続的な薬物治療を提供する観点から、退院時におけるかかりつけ医等との連携を推進する。

○ 介護医療院について、長期療養・生活施設の充実の観点から、長期入院患者・サービス提供を新たに評価する。

○ 介護療養型医療施設について、令和5年度末の廃止期限までの円滑な移行に向けて、一定期間ごとに移行の検討状況の報告を求める。

（4）在宅サービスの機能と連携の強化

○ 訪問介護の通院等乗降介助について、利用者の負担軽減の観点から、居宅が始点または終点となる場合の目的地間の移送についても算定可能とする。

○ 訪問入浴介護について、新規利用者への初回サービス提供前の利用調整を行う観点から、居宅サービス提供の安定化を図る観点から、利用者数の減少による影響を勘案し、経営の安定化により体制確保を行う事業所を新たに評価する。

○ 訪問看護について、主治の医師が必要と認める場合に退院、退所時の医療の受入や評価の見直しを行い、清拭・部分浴を実施した場合の減算幅を見直す。

○ 認知症GH、短期療養、多機能系サービスについて、看護体制加算の要件や評価の見直しを行い、医師との情報連携を行う際に算定する看護職員の受入人数の要件等を見直す。

○ 個室ユニット型施設の1ユニットの定員を、実態を勘案した職員を新たに評価する。緊急時の宿泊に対応する観点から、緊急時短期利用の受入日数や人数の要件等を見直す。「原則として概ね10人以下とし15人を超えないもの」とする。

（5）介護保険施設や高齢者住まいにおける対応の強化

○ 介護老人保健施設について、在宅復帰・在宅療養支援機能に係る加算について、居宅が始点または終点となる場合の目的地間の移送についても算定可能とする。

※（1）（2）（3）も参照

（6）ケアマネジメントの質の向上と公正中立性の確保

○ 特定事業所加算について、中山間地域等に対応する加算等を行う事業所を新たに評価する。

○ 適切なケアマネジメントの実施を確保しつつ、経営の安定化により体制確保を図る観点から、逓減制の適用を見直す（逓減制の適用を40件から45件以上とする）。

○ 利用者が医療機関で診察を受ける際に情報連携を行い、当該情報を踏まえてケアマネジメントを行うことを新たに評価する。

○ 介護予防支援について、地域包括支援センターが委託する個々のケアプランについて、小多機等との情報連携等を新たに評価する。

（7）地域の特性に応じたサービスの確保

○ 夜間、認知デイ、多機能系サービスについて、中山間地域等に居住する者へのサービス提供を行う事業の対象とする。認知症GHについて、ユニット数を弾力化、サテライト型事業所を創設する。

○ 令和元年地方分権提案を踏まえ、多機能系サービスについて、市町村が認める場合に過疎地域等において登録定員を超過した場合の報酬減算を新たに設ける。

○ 介護予防・日常生活支援総合事業の充実を図り、令和2年提案を可能とすることを踏まえ、小多機等の登録定員の「従うべき基準」から「標準基準」に見直す。

3. 自立支援・重度化防止の取組の推進

■制度の目的に沿って、質の評価やデータ活用を行いながら、科学的に効果が裏付けられた質の高いサービスの提供を推進

（1）リハビリテーション・機能訓練、口腔、栄養の取組の連携・強化

○ 加算等の算定要件とされている計画作成や会議について、リハ専門職、管理栄養士、歯科衛生士が必要に応じて参加することを明確化する。

○ 自立支援・重度化防止に向けた更なる質の高い取組を促す観点から、訪問リハ・通所リハのリハビリテーションマネジメント加算（Ｉ）を廃止し、基本報酬の算定要件とする。VISITへデータを提出しフィードバックを受けPDCAサイクルを推進することを評価する加算を老健施設等に拡充する。

○ 通所リハについて、通所直後のリハの充実を図る観点から、退院・退所後３月以内は週12回まで算定可能とする。

○ 通所介護や特養における外部のリハ専門職等との連携による自立支援・重度化防止に資する取組を評価する加算について、退所・退院時に一連携加算について、訪問介護等と同様に、ICTの活用による事業所のリハ専門職等が事業所を訪問せずに利用者の状態を把握・助言する場合の評価区分を新たに設ける。

○ 通所介護の個別機能訓練加算について、より利用者の自立支援に資する機能訓練の提供を促進する観点から、加算区分や要件の見直しを行う。

○ 通所リハ、通所介護、認知症対応型通所介護について、利用者の自宅での入浴の自立を図る観点から、個別の入浴介助を促進し、状態に応じた口腔衛生管理の実施等を管理の実施を求める。

○ 施設系サービスについて、口腔衛生管理体制加算を廃止し、基本サービスとして、口腔衛生管理体制を整備し、状態に応じた口腔衛生管理の実施等を求める。（※３年の経過措置期間を設ける）

○ 施設系サービスについて、栄養マネジメント加算は廃止し、現行の栄養士加えて管理栄養士の配置等を評価するとともに、基本サービスとして、状態に応じた栄養管理の計画的な実施を求める。（低栄養リスク改善加算を入所者全員への栄養ケアの実施等に見直す。（※３年の経過措置期間を設ける）

○ 通所系サービス等について、介護職員による口腔スクリーニングの実施を新たに評価する。管理栄養士と介護職員等の連携による栄養アセスメントの取組を新たに評価するとともに、栄養改善が必要になった利用者の居宅を訪問し栄養改善を行う取組を新たに設ける。

○ 認知症GHについて、管理栄養士が介護職員等への助言・指導を行い栄養改善のための体制づくりを進めることを新たに設ける。

（2）介護サービスの質の評価と科学的介護の取組の推進

○ CHASE・VISITへのデータ提出とフィードバックの活用によりPDCAサイクルの推進とケアの質の向上を図る取組を推進する。
・施設系・通所系・居住系・多機能系サービスについて、事業所単位でのPDCAサイクル・ケアの質の向上に係るデータ（ADL、栄養、口腔・嚥下、認知症等）をCHASEに提出しフィードバックを受け、事業所単位で計画に基づくケアのPDCAサイクルの取組を推進することを新たに評価。
・全ての事業者に、CHASE・VISITへのデータ提出とフィードバックの活用によるPDCAサイクルの推進・ケアの質の向上を推進。

○ ADL維持等加算について、通所介護に加えて、認知デイ、介護付き有料老人ホーム、特養に対象を拡大する。クリームスキミングを防止する観点や加算の取得状況等を踏まえ、要件の見直しを行う。ADLを良好に維持・改善する事業者を高く評価する評価区分を新たに設ける。

○ 老健施設の在宅復帰・在宅療養支援等評価指標について、在宅復帰等を更に推進する観点から、見直しを行う。（※６月の経過措置期間を設ける）

（3）寝たきり防止等、重度化防止の取組の推進

○ 施設系サービスについて、利用者の尊厳の保持、自立支援・重度化防止の推進、廃用や褥瘡等の防止等の観点から、全ての利用者への医学的評価に基づく日々の過ごし方等へのアセスメントの実施、日々の生活全般における計画に基づくケアの実施を評価する新たな区分を設ける。

○ 施設系サービスにおける褥瘡管理加算、排せつ支援加算について、状態改善（アウトカム）を新たに評価する区分の見直しを行う。

4

230

４．介護人材の確保・介護現場の革新

■喫緊・重要な課題として、介護人材の確保・介護現場の革新

（1）介護職員の処遇改善や職場環境の改善に向けた取組の推進

○ 処遇改善加算や特定処遇改善加算の取組をより実効性が高いものとする観点からの見直しを行う。

○ 特定処遇改善加算について、制度の趣旨は維持しつつより活用しやすい仕組みとする観点から、平均の賃金改善額の配分ルールにおける「経験・技能のある介護職員」は「その他の介護職員」の「2倍以上とすること」を「より高くすること」と見直す。

○ サービス提供体制強化加算において、サービスの質の向上やキャリアアップを評価する新たな区分を評価する新たな区分を設ける。訪問介護、訪問入浴介護、夜間対応型訪問介護等の新たな区分を設けるとともに、より介護福祉士の割合が高い事業者や勤続年数の長いサービス提供体制強化加算において、勤続年数が一定以上の職員の割合を要件とする新たな区分を設ける。

○ 仕事と育児や介護との両立が可能となる環境整備を進め、職員の離職防止・定着促進を図る観点から、各サービスの人員配置基準や報酬算定において、介護休業等取得の際の非常勤職員による代替職員の確保や、育児・介護休業取得時の短時間勤務等を行う場合の「常勤」としての取扱いを可能とする。

○ ハラスメント対策を強化する観点から、全ての介護サービス事業者に、適切なハラスメント対策を求める。

（2）テクノロジーの活用や人員基準・運営基準の緩和を通じた業務効率化・業務負担軽減の推進

○ テクノロジーの活用により介護サービスの質の向上及び業務効率化を推進していく観点から、実証研究の結果等も踏まえ、以下の見直しを行う。
・特養等における見守り機器を導入した場合の夜勤職員配置加算について、見守り機器の導入割合の緩和（15%→10%）を行う。見守り機器の導入割合の緩和（0.9人→0.6人）した新たな区分を設ける。100%導入やインカム等の使用、安全体制の確保や職員の負担軽減等を要件に、基準を緩和する。特養（従来型）の夜間配置基準を緩和する。
・見守り機器等を要件とする加算（日常生活支援加算やサービス提供体制強化加算等）において、テクノロジー活用を考慮した要件を緩和する。

○ 運営基準や加算の要件等における各種会議等について、感染防止や多職種連携推進の観点から、テレビ電話等を活用しての実施を認める。

○ 薬剤師による居宅療養管理指導について、診療報酬の例も踏まえて、情報通信機器を用いた服薬指導を新たに評価する。

○ 夜間対応型訪問介護について、定期巡回と同様に、オペレーターの兼務や併設施設等の職員や併設時の訪問時の訪問介護等との兼務、複数の事業所間での通報の受付の集約化、他の訪問介護事業所等への事業の一部委託を可能とする。

○ 認知症GHの夜勤職員体制（現行1ユニット1人以上）について、安全確保や職員の負担にも留意しつつ、例外的に夜勤を行う場合に一定の条件の下、3ユニットの場合に二定の下、例外的に夜勤の2人以上の配置に緩和できることとする。

○ 特養等の人員配置基準について、人材確保や職員定着の観点から、職員の過重な負担につながらないよう留意しつつ、人員基準の管理者の兼務、小多機と併設する場合の介護・看護職員の兼務、小多機と併設する場合の介護職員等の兼務等の見直しを行う。

○ 認知症GHの「第三者による外部評価」について、自己評価を運営推進会議に報告し、評価を受けた上で公表する仕組みと既存の外部評価のいずれかから受けることとする。

（3）文書負担軽減や手続きの効率化による介護現場の業務負担軽減の推進

○ 利用者等への説明・同意等について、電磁的な対応が可能であることを原則認める。署名・押印を求めないことが可能であることや代替手段を明示する。

○ 諸記録の保存・交付等について、電磁的な対応を原則認める。

○ 運営規程等の重要事項について、事業所の掲示だけでなく、閲覧可能な形でファイル等で備え置くこと等を可能とする。

本巻

231

5. 制度の安定性・持続可能性の確保

■必要なサービスは確保しつつ、適正化・重点化を図る

(1) 評価の適正化・重点化

○ 通所系、多機能系サービスについて、利用者の公平性の観点から、同一建物減算適用時等の区分支給限度基準額の計算方法の見直しを行う。

○ 夜間対応型訪問介護について、月に一度も訪問サービスを受けていない利用者が存在するなどの実態を踏まえて、定額オペレーションサービス部分の評価の適正化を行う。

○ 訪問看護及び介護予防訪問看護について、機能強化を図る観点から、理学療法士・作業療法士・言語聴覚士によるサービス提供に係る評価や提供回数等の見直しを行う。

○ 介護予防サービスにおけるリハビリテーションについて、長期利用者の場合の評価の見直しを行う。

○ 居宅療養管理指導について、サービス提供の状況や移動・滞在時間等の効率性を勘案し、単一建物居住者の人数に応じた評価の見直しを行う。

○ 介護療養型医療施設について、令和5年度末の廃止期限までに訪問医療院への移行を進める観点から、基本報酬の見直しを行う。

○ 介護職員処遇改善加算 (Ⅳ) 及び (Ⅴ) について、上位区分の算定が進んでいることを踏まえ、廃止する。(※1年の経過措置期間を設ける)

○ 生活援助の訪問回数が多い利用者のケアプランについて、事務負担にも配慮して、検証の仕方や届出頻度の見直しを行う。区分支給限度基準の利用割合が高く訪問介護が大部分を占める等のケアプランを作成する事業所を対象とした点検・検証の仕組みを導入する。

○ サービス付き高齢者向け住宅等における適正なサービス提供を確保する観点から、事業所指定の際の条件付け (利用者の一定割合以上を併設集合住宅以外の利用者とすること等) や家賃・ケアプランの確認などを通じて、自治体による更なる指導の徹底を図る。

(2) 報酬体系の簡素化

○ 療養通所介護について、中重度の要介護者の状態にあわせて柔軟なサービス提供を図る観点から、日単位報酬体系から、月単位包括報酬とする。

○ リハサービスのリハマネ加算 (Ⅰ)、施設系サービスの口腔衛生管理体制加算、栄養マネジメント加算について廃止し、基本報酬について評価する。個別機能訓練加算 (通所介護)、移行定着支援加算 (介護医療院) を廃止する。(再掲)

6. その他の事項

○ 介護保険施設における事故発生の防止と発生時の適切な対応 (リスクマネジメント) を推進する観点から、事故報告様式を作成・周知する。施設系サービスにおいて、安全対策担当者を定めることを義務づける (※)。事故発生の防止等のための措置が講じられていない場合に基本報酬を減算する (※)。組織的な安全対策体制の整備を新たに評価する。(※6月の経過措置期間を設ける)

○ 障害福祉サービスにおける対応も踏まえ、全ての介護サービス事業者を対象に、利用者の人権の擁護、虐待の防止等の観点から、虐待の発生・再発を防止するための委員会の開催、指針の整備、研修の実施、担当者を定めることを義務づける。(※3年の経過措置期間を設ける)

○ 介護保険施設における食費の基準費用額について、令和2年度介護事業経営実態調査結果から算出した費用との差の状況を踏まえ、利用者負担への影響も勘案しつつ、必要な対応を行う。

指定居宅サービス等の事業の人員、設備及び運営に関する基準等の改正の主な内容について

（注１）介護予防サービスについても同様の措置を講ずる場合には★を付記している。

（注２）改正事項のうち、都道府県又は市町村が条例を定めるに当たっての従うべき基準については◆を、標準基準については◇を付記している。

１．訪問系サービス

（１）夜間対応型訪問介護

① オペレーターの配置基準等の緩和

地域の実情に応じて、既存の地域資源・地域の人材を活用しながら、サービスの実施を可能とする観点から、定期巡回・随時対応型訪問介護看護と同様に、利用者の処遇に支障がない場合は、以下について可能とする。

ア オペレーターについて（◆）

i 併設施設等（短期入所生活介護事業所、短期入所療養介護事業所、特定施設、小規模多機能型居宅介護事業所、認知症対応型共同生活介護事業所、地域密着型特定施設、地域密着型介護老人福祉施設、看護小規模多機能型居宅介護事業所、介護老人福祉施設、介護老人保健施設、介護療養型医療施設、介護医療院）の職員と兼務すること。（指定地域密着型サービスの事業の人員、設備及び運営に関する基準（平成18年厚生労働省令第34号。以下「地域密着型基準」という。）第６条関係）

ii 随時訪問サービスを行う訪問介護員等と兼務すること。（地域密着型基準第６条関係）

イ 他の訪問介護事業所、定期巡回・随時対応型訪問介護看護事業所に、事業を「一部委託」すること。（地域密着型基準第15条関係）

ウ 複数の事業所間で、随時対応サービス（通報の受付）を「集約化」すること。（地域密着型基準第15条関係）

（２）訪問入浴介護

① 認知症介護基礎研修の受講の義務づけ（★）

認知症についての理解の下、本人主体の介護を行い、認知症の人の尊厳の保障を実現していく観点から、介護に関わる全ての者の認知症対応力を向上させていくため、介護サービス事業者に、介護に直接携わる職員のうち、医療・福祉関係の資格を有さない者について、認知症介護基礎研修を受講させるために必要な措置を講じることを義務づける。その際、３年の経過措置期間を設けることとする。（指定居宅サービス等の事業の人員、設備及び運営に関する基準（平成11年厚生省令第37号。以下「居宅基準」という。第53条の２新設及び指定介護予防サービス等の事業の人員、設備及び運営並びに指定介護予防サービス等に係る介護予防のための効果的な

支援の方法に関する基準（平成18年厚生労働省令第35号。以下「予防基準」という。）第53条の2関係）
（3）　居宅療養管理指導
　　①　基本方針を踏まえた居宅療養管理指導の実施と多職種連携の推進（★）
　　　　多職種間での情報共有促進の観点から、薬剤師の居宅療養管理指導の算定要件とされている介護支援事業者等への情報提供について、明確化する。（居宅基準第89条及び予防基準第95条関係）
（4）訪問系サービス共通（定期巡回・随時対応型訪問介護看護を除く）（★）
　　①　サービス付き高齢者向け住宅等における適正なサービス提供の確保
　　　　事業所と同一の建物に居住する利用者に対してサービス提供を行う場合には、当該建物に居住する利用者以外に対してもサービス提供を行うよう努めることとする。（居宅基準第36条の2、地域密着型基準第16条及び予防基準第53条の9関係）

2．通所系サービス
（1）　通所介護
　　①　通所介護における地域等との連携の強化
　　　　通所介護について、利用者の地域における社会参加活動や地域住民との交流を促進する観点から、地域密着型通所介護等と同様に、その事業の運営に当たって、地域住民やボランティア団体等との連携及び協力を行う等の地域との交流に努めなければならないこととする。（居宅基準第104条の2新設関係）
　　②　サービス付き高齢者向け住宅等における適正なサービス提供の確保
　　　　事業所と同一の建物に居住する利用者に対してサービス提供を行う場合には、当該建物に居住する利用者以外に対してもサービス提供を行うよう努めることとする。（居宅基準第104条の2新設関係）
（2）　認知症対応型通所介護
　　①　管理者の配置基準の緩和（★）（◆）
　　　　共用型認知症対応型通所介護における管理者の配置基準について、人材の有効活用を図る観点から、事業所の管理上支障がない場合は、本体施設・事業所の職務とあわせて、共用型認知症対応型通所介護事業所の他の職務に従事することを可能とする。（地域密着型基準第47条及び指定地域密着型介護予防サービスの事業の人員、設備及び運営並びに指定地域密着型介護予防サービスに係る介護予防のための効果的な支援の方法に関する基準（平成18年厚生労働省令第36号。以下「地域密着型予防基準」という。）第10条関係）
（3）　通所リハビリテーション
　　①　サービス付き高齢者向け住宅等における適正なサービス提供の確保（★）
　　　　事業所と同一の建物に居住する利用者に対してサービス提供を行う場合には、当該建物に居住する利用者以外に対してもサービス提供を行うよう努めることとする。
（4）　通所系サービス共通（★）
　　①　災害への地域と連携した対応の強化
　　　　災害への対応においては、地域との連携が不可欠であることを踏まえ、非常災害対策（計画策定、関係機関との連携体制の確保、避難等訓練の実施等）が求められ

る介護サービス事業者を対象に、小規模多機能型居宅介護等の例を参考に、訓練の実施に当たって、地域住民の参加が得られるよう連携に努めなければならないこととする。（居宅基準第103条、地域密着型基準第32条、予防基準第120条の４及び地域密着型予防基準第30条関係）

② 認知症介護基礎研修の受講の義務づけ

　認知症についての理解の下、本人主体の介護を行い、認知症の人の尊厳の保障を実現していく観点から、介護に関わる全ての者の認知症対応力を向上させていくため、介護サービス事業者に、介護に直接携わる職員のうち、医療・福祉関係の資格を有さない者について、認知症介護基礎研修を受講させるために必要な措置を講じることを義務づける。その際、3年の経過措置期間を設けることとする。（居宅基準第101条、地域密着型基準第30条、予防基準第120条の２及び地域密着型予防基準第28条関係）

３．短期入所系サービス
（１）　短期入所生活介護

① 看護職員の配置基準の見直し（★）（◆）

　短期入所生活介護における看護職員の配置基準について、看護職員を配置しなかった場合であっても、利用者の状態像に応じて必要がある場合には、看護職員を病院、診療所又は訪問看護ステーション等との密接かつ適切な連携により確保することを求めることとする。（居宅基準第121条及び予防基準第129条関係）

（２）　短期入所系サービス共通（★）

① 災害への地域と連携した対応の強化

　災害への対応においては、地域との連携が不可欠であることを踏まえ、非常災害対策（計画策定、関係機関との連携体制の確保、避難等訓練の実施等）が求められる介護サービス事業者を対象に、小規模多機能型居宅介護等の例を参考に、訓練の実施に当たって、地域住民の参加が得られるよう連携に努めなければならないこととする。

② 認知症介護基礎研修の受講の義務づけ

　認知症についての理解の下、本人主体の介護を行い、認知症の人の尊厳の保障を実現していく観点から、介護に関わる全ての者の認知症対応力を向上させていくため、介護サービス事業者に、介護に直接携わる職員のうち、医療・福祉関係の資格を有さない者について、認知症介護基礎研修を受講させるために必要な措置を講じることを義務づける。その際、3年の経過措置期間を設けることとする。（居宅基準第140条の11の２及び第155条の10の２並びに予防基準第157条及び第208条関係）

③ 個室ユニット型施設の設備・勤務体制の見直し

　個室ユニット型施設について、ケアの質を維持しつつ、人材確保や職員定着を目指し、ユニットケアを推進する観点から、以下の見直しを行う。

　ア　１ユニットの定員を、夜間及び深夜を含めた介護・看護職員の配置の実態を勘案して職員を配置するよう努めることを求めつつ、現行の「おおむね10人以下」

から「原則としておおむね10人以下とし、15人を超えないもの」とする。（居宅基準第140条の４及び予防基準第153条関係）

　　イ　ユニット型個室的多床室について、感染症やプライバシーに配慮し、個室化を進める観点から、新たに設置することを禁止する。（居宅基準第140条の４及び予防基準第153条関係）

４．多機能系サービス
（１）　小規模多機能型居宅介護
　　①　地域の特性に応じた小規模多機能型居宅介護の確保（★）（◇）

　　　　令和２年の地方分権改革に関する提案募集における提案を踏まえ、厚生労働省令で定める登録定員及び利用定員の基準を、市町村が条例で定める上での「従うべき基準」（必ず適合しなければならない基準であり、全国一律）から「標準基準」（通常よるべき基準であり、合理的な理由がある範囲内で、地域の実情に応じて異なる内容を定めることが許容されるもの）に見直す。（※）

　　　　（※）必要な法律上の措置を講じた上で、運営基準について所要の改正を行うもの。

　　②　小規模多機能型居宅介護の人員配置基準の見直し（★）（◆）

　　　　広域型特別養護老人ホーム又は介護老人保健施設と小規模多機能型居宅介護事業所を併設する場合において、入所者の処遇や事業所の管理上支障がない場合、管理者・介護職員の兼務を可能とする。（地域密着型基準第63条及び第64条並びに地域密着型予防基準第44条及び第45条関係）

（２）　多機能系サービス共通（★）
　　①　過疎地域等におけるサービス提供の確保

　　　　過疎地域等において、地域の実情により事業所の効率的運営に必要であると市町村が認めた場合に、人員・設備基準を満たすことを条件として、登録定員を超過した場合の報酬減算を一定の期間（※）に限り行わないこととすることを踏まえ、この場合には、登録定員及び利用定員を超えることを可能とする。（地域密着型基準第82条及び地域密着型予防基準第58条関係）

　　　　（※）市町村が登録定員の超過を認めた時から当該介護保険事業計画期間終了までの最大３年間を基本とする。また、介護保険事業計画の見直しごとに、市町村が将来のサービスの需要の見込みを踏まえて改めて検討し、代替サービスを新規整備するよりも既存の事業所を活用した方が効率的であると認めた場合に限り、次の介護保険事業計画期間の終期まで延長が可能。

　　②　認知症介護基礎研修の受講の義務づけ

　　　　認知症についての理解の下、本人主体の介護を行い、認知症の人の尊厳の保障を実現していく観点から、介護に関わる全ての者の認知症対応力を向上させていくため、介護サービス事業者に、介護に直接携わる職員のうち、医療・福祉関係の資格を有さない者について、認知症介護基礎研修を受講させるために必要な措置を講じることを義務づける。その際、３年の経過措置期間を設けることとする。

5．福祉用具貸与・特定福祉用具販売

①　サービス付き高齢者向け住宅等における適正なサービス提供の確保（★）

事業所と同一の建物に居住する利用者に対してサービス提供を行う場合には、当該建物に居住する利用者以外に対してもサービス提供を行うよう努めることとする。

6．居宅介護支援

①　質の高いケアマネジメントの推進（◆）

ケアマネジメントの公正中立性の確保を図る観点から、事業者に、以下について、利用者に説明を行うことを新たに求める。（指定居宅介護支援等の事業の人員及び運営に関する基準（平成11年厚生省令第38号。以下「居宅介護支援基準」という。）第4条関係）

・　前6か月間に作成したケアプランにおける訪問介護、通所介護、地域密着型通所介護、福祉用具貸与の各サービスの割合

・　前6か月間に作成したケアプランにおける訪問介護、通所介護、地域密着型通所介護、福祉用具貸与の各サービスごとの、同一事業者によって提供されたものの割合

②　生活援助の訪問回数の多い利用者等への対応（◆）

区分支給限度基準額の利用割合が高く、かつ、訪問介護が利用サービスの大部分を占める等のケアプランを作成する居宅介護支援事業者を事業所単位で抽出するなどの点検・検証の仕組みを10月から導入する。（居宅介護支援基準第13条関係）

7．居住系サービス

（1）　特定施設入居者生活介護・地域密着型特定施設入居者生活介護

①　災害への地域と連携した対応の強化（★）

災害への対応においては、地域との連携が不可欠であることを踏まえ、非常災害対策（計画策定、関係機関との連携体制の確保、避難等訓練の実施等）が求められる介護サービス事業者を対象に、小規模多機能型居宅介護等の例を参考に、訓練の実施に当たって、地域住民の参加が得られるよう連携に努めなければならないこととする。

（2）　認知症対応型共同生活介護

①　地域の特性に応じた認知症グループホームの確保（★）

認知症グループホームについて、地域の特性に応じたサービスの整備・提供を促進する観点から、ユニット数を弾力化するとともに、サテライト型事業所の基準を創設する。

ア　認知症対応型グループホームは地域密着型サービス（定員29人以下）であることを踏まえ、経営の安定性の観点から、ユニット数について、「原則1又は2、地域の実情により事業所の効率的運営に必要と認められる場合は3」とされているところ、これを「3以下」とする。（地域密着型基準第93条及び地域密着型予防基準第73条関係）（◇）

イ　複数事業所で人材を有効活用しながら、より利用者に身近な地域でサービス提

供が可能となるようにする観点から、サテライト型事業所の基準を創設する。同基準は、本体事業所との兼務等により、代表者、管理者を配置しないことや、介護支援専門員ではない認知症介護実践者研修を修了した者を計画作成担当者として配置することができるようにするなど、サテライト型小規模多機能型居宅介護の基準を参考に定める。（地域密着型基準第90条、第91条及び第93条並びに地域密着型予防基準第70条、第71条及び第73条関係）（◆）

② 認知症グループホームの夜勤職員体制の見直し（★）（◆）

１ユニットごとに夜勤１人以上の配置とされている認知症グループホームの夜間・深夜時間帯の職員体制について、安全確保や職員の負担にも留意しつつ、人材の有効活用を図る観点から、３ユニットの場合であって、各ユニットが同一階に隣接しており、職員が円滑に利用者の状況把握を行い、速やかな対応が可能な構造で、安全対策（マニュアルの策定、訓練の実施）をとっていることを要件に、例外的に夜勤２人以上の配置に緩和できることとし、事業所が夜勤職員体制を選択することを可能とする。（地域密着型基準第90条及び地域密着型予防基準第70条関係）

③ 外部評価に係る運営推進会議の活用（★）

認知症グループホームにおいて求められている「第三者による外部評価」について、業務効率化の観点から、既存の外部評価（都道府県が指定する外部評価機関によるサービスの評価）は維持した上で、小規模多機能型居宅介護等と同様に、自らその提供するサービスの質の評価（自己評価）を行い、これを市町村や地域包括支援センター等の公正・中立な立場にある第三者が出席する運営推進会議に報告し、評価を受けた上で公表する仕組みを制度的に位置付け、当該運営推進会議と既存の外部評価による評価のいずれかから「第三者による外部評価」を受けることとする。（地域密着型基準第97条及び地域密着型予防基準第86条関係）

④ 計画作成担当者の配置基準の緩和（★）（◆）

認知症グループホームにおいて、人材の有効活用を図る観点から、介護支援専門員である計画作成担当者の配置について、ユニットごとに１名以上の配置から、事業所ごとに１名以上の配置に緩和する。（地域密着型基準第90条及び地域密着型予防基準第70条関係）

（３）居住系サービス共通（★）

① 認知症介護基礎研修の受講の義務づけ

認知症についての理解の下、本人主体の介護を行い、認知症の人の尊厳の保障を実現していく観点から、介護に関わる全ての者の認知症対応力を向上させていくため、介護サービス事業者に、介護に直接携わる職員のうち、医療・福祉関係の資格を有さない者について、認知症介護基礎研修を受講させるために必要な措置を講じることを義務づける。その際、３年の経過措置期間を設けることとする。（居宅基準第190条、地域密着型基準第103条及び第126条、予防基準第241条並びに地域密着型予防基準第80条関係）

8. 施設系サービス

（１）地域密着型介護老人福祉施設入所者生活介護（◆）

① 地域密着型介護老人福祉施設の人員配置基準の見直し

　　地域密着型特別養護老人ホームの人員配置基準について、人材確保や職員定着の観点から、職員の勤務シフトを組みやすくするなどの取組を推進するとともに、入所者の処遇や職員の負担に十分留意しつつ、以下の見直しを行う。

　ア　地域密着型特別養護老人ホーム（サテライト型を除く。）において、他の社会福祉施設等との連携を図ることにより当該地域密着型特別養護老人ホームの効果的な運営を期待することができる場合であって、入所者の処遇に支障がないときは、栄養士を置かないことを可能とする。（地域密着型基準第131条関係）

　イ　サテライト型居住施設において、本体施設が特別養護老人ホーム・地域密着型特別養護老人ホームである場合に、本体施設の生活相談員により当該サテライト型居住施設の入居者の処遇が適切に行われると認められるときは、生活相談員を置かないことを可能とする。（地域密着型基準第131条関係）

（２）　介護医療院

① 有床診療所から介護医療院への移行促進

　　一般浴槽及び特別浴槽の設置を求める介護医療院の浴室の施設基準について、入所者への適切なサービス提供の確保に留意しつつ、介護療養病床を有する診療所から介護医療院への移行を一層促進する観点から、有床診療所から移行して介護医療院を開設する場合は、一般浴槽以外の浴槽の設置は求めないこととする。この取扱いは、当該事業者が施設の新築、増築又は全面的な改築の工事を行うまでの間の経過措置とする。（介護医療院の人員、施設及び設備並びに運営に関する基準（平成30年厚生労働省令第5号。以下「介護医療院基準」という。）附則第11条新設関係）

（３）　施設系サービス共通

① 介護保険施設の人員配置基準の見直し（◆）

　　従来型とユニット型を併設する場合において、入所者の処遇に支障がない場合、介護・看護職員の兼務を可能とする。（地域密着型基準第131条、指定介護老人福祉施設の人員、設備及び運営に関する基準（平成11年厚生省令第39号。以下「指定介護老人福祉施設基準」という。）第2条、介護老人保健施設の人員、施設及び設備並びに運営に関する基準（平成11年厚生省令第40号。以下「介護老人保健施設基準」という。）第2条、健康保険法等の一部を改正する法律（平成18年法律第83号）附則第130条の2第1項の規定によりなおその効力を有するものとされた指定介護療養型医療施設の人員、設備及び運営に関する基準（平成11年厚生省令第41号。以下「指定介護療養型医療施設基準」という。）第2条及び介護医療院基準第4条関係）

② 災害への地域と連携した対応の強化

　　災害への対応においては、地域との連携が不可欠であることを踏まえ、非常災害対策（計画策定、関係機関との連携体制の確保、避難等訓練の実施等）が求められる介護サービス事業者を対象に、小規模多機能型居宅介護等の例を参考に、訓練の実施に当たって、地域住民の参加が得られるよう連携に努めなければならないこととする。（指定介護老人福祉施設基準第26条、介護老人保健施設基準第28条、指定介護療養型医療施設基準第27条及び介護医療院基準第32条関係）

③　認知症介護基礎研修の受講の義務づけ

　　認知症についての理解の下、本人主体の介護を行い、認知症の人の尊厳の保障を実現していく観点から、介護に関わる全ての者の認知症対応力を向上させていくため、介護サービス事業者に、介護に直接携わる職員のうち、医療・福祉関係の資格を有さない者について、認知症介護基礎研修を受講させるために必要な措置を講じることを義務づける。その際、3年の経過措置期間を設けることとする。（地域密着型基準第149条、指定介護老人福祉施設基準第24条及び第47条、介護老人保健施設基準第26条及び第48条、指定介護療養型医療施設基準第25条及び第48条並びに介護医療院基準第30条及び第52条関係）

④　口腔衛生管理の強化

　　口腔衛生管理体制を整備し、入所者ごとの状態に応じた口腔衛生管理を行うことを求める。その際、3年の経過措置期間を設けることとする。（地域密着型基準第143条の3新設、指定介護老人福祉施設基準第17条の3新設、介護老人保健施設基準第17条の3新設、指定介護療養型医療施設基準第17条の3新設及び介護医療院基準第20条の3新設関係）

⑤　栄養ケア・マネジメントの充実（管理栄養士の配置に関する規定は◆）

　　栄養ケア・マネジメントを基本サービスとして行うこととし、現行の栄養士に加えて、管理栄養士の配置を位置付ける（栄養士又は管理栄養士の配置を求める）とともに、入所者ごとの栄養管理を計画的に行うことを求める。その際、3年の経過措置期間を設けることとする。（地域密着型基準第131条及び第143条の2新設、指定介護老人福祉施設基準第2条及び第17条の2新設、介護老人保健施設基準第2条及び第17条の2新設、指定介護療養型医療施設基準第2条、第17条の2新設及び附則第19条並びに介護医療院基準第4条及び第20条の2新設関係）

⑥　個室ユニット型施設の設備・勤務体制の見直し

　　施設系サービスにおける個室ユニット型施設について、ケアの質を維持しつつ、人材確保や職員定着を目指し、ユニットケアを推進する観点から、以下の見直しを行う。（地域密着型基準第160条、指定介護老人福祉施設基準第40条、介護老人保健施設基準第41条、指定介護療養型医療施設基準第39条、第40条及び第41条並びに介護医療院基準第45条関係）

ア　1ユニットの定員を、夜間及び深夜も含めた介護・看護職員の配置の実態を勘案して職員を配置するよう努めることを求めつつ、現行の「おおむね10人以下」から「原則としておおむね10人以下とし、15人を超えないもの」とする。

イ　ユニット型個室的多床室について、感染症やプライバシーに配慮し、個室化を進める観点から、新たに設置することを禁止する。

⑦　介護保険施設におけるリスクマネジメントの強化（◆）

　　介護保険施設における施設系サービスの事業者を対象に、事故発生の防止のための安全対策の担当者を定めることを義務づける。その際、6月の経過措置期間を設けることとする。（地域密着型基準第155条、指定介護老人福祉施設基準第35条、介護老人保健施設基準第36条、指定介護療養型医療施設基準第34条及び介護医療院基準第40条関係）

9．全サービス共通（★）

① 感染症対策の強化（◆）

　　介護サービス事業者に、感染症の発生及びまん延等に関する取組の徹底を求める観点から、以下の取組を義務づける。その際、３年の経過措置期間を設けることとする。

　ア　施設系サービスについて、現行の委員会の開催、指針の整備、研修の実施等に加え、訓練（シミュレーション）の実施（地域密着型基準第151条、指定介護老人福祉施設基準第27条、介護老人保健施設基準第29条、指定介護療養型医療施設基準第28条及び介護医療院基準第33条関係）

　イ　訪問系サービス、通所系サービス、短期入所系サービス、多機能系サービス、福祉用具貸与(販売)、居宅介護支援、居住系サービスについて、委員会の開催、指針の整備、研修の実施、訓練（シミュレーション）の実施等（居宅基準第31条、第104条、第118条及び第203条、居宅介護支援基準第21条の２新設、地域密着型基準第３条の31及び第33条、予防基準第53条の３、第121条、第139条の２及び第273条、地域密着型予防基準第31条、指定介護予防支援等の事業の人員及び運営並びに指定介護予防支援等に係る介護予防のための効果的な支援の方法に関する基準（平成18年厚生労働省令第37号。以下「介護予防支援基準」という。）第20条の２新設関係）

② 業務継続に向けた取組の強化（◆）

　　感染症や災害が発生した場合であっても、必要な介護サービスが継続的に提供できる体制を構築する観点から、全ての介護サービス事業者を対象に、業務継続に向けた計画等の策定、研修の実施、訓練（シミュレーション）の実施等を義務づける。その際、３年の経過措置期間を設けることとする。（居宅基準第30条の２新設、居宅介護支援基準第19条の２新設、地域密着型基準第３条の30の２新設、予防基準第53条の２の２新設、地域密着型予防基準第28条の２新設、介護予防支援基準第18条の２新設、指定介護老人福祉施設基準第24条の２新設、介護老人保健施設基準第26条の２新設、指定介護療養型医療施設基準第25条の２新設及び介護医療院基準第30条の２新設関係）

③ ハラスメント対策の強化

　　介護サービス事業者の適切なハラスメント対策を強化する観点から、全ての介護サービス事業者に、男女雇用機会均等法等におけるハラスメント対策に関する事業者の責務を踏まえつつ、適切なハラスメント対策を求めることとする。（居宅基準第30条、第53条の２、第101条、第140条の11の２、第155条の10の２及び第190条、居宅介護支援基準第19条、地域密着型基準第３条の30、第15条、第30条、第103条、第126条、弟149条及び第167条、予防基準第53条の２、第72条の２、第120条の２、第157条、第208条及び第241条、介護予防支援基準第18条、地域密着型予防基準第28条及び第80条、指定介護老人福祉施設基準第24条及び第47条、介護老人保健施設基準第26条及び第48条、指定介護療養型医療施設基準第25条及び第48条並びに介護医療院基準第30条及び第52条）

④ 会議や多職種連携におけるICTの活用

運営基準において実施が求められる各種会議等（利用者の居宅を訪問しての実施が求められるものを除く。）について、感染防止や多職種連携の促進の観点から、以下の見直しを行う。（居宅基準第31条、第37条の2、第80条、第104条、第118条、第183条及び第203条、居宅介護支援基準第13条、第21条の2及び第27条の2、地域密着型基準第3条の31、第3条の37、第3条の38の2、第33条、第34条、第40条の14、第68条、第97条、第118条、第137条、第138条、第151条、第155条及び第162条、予防基準第53条の3、第53条の10の2、第86条、第121条、第139条の2、第239条及び第273条、介護予防支援基準第20条の2、第26条の2及び第30条、地域密着型予防基準第31条、第37条の2、第39条、第49条及び第77条、指定介護老人福祉施設基準第11条、第12条、第27条、第35条及び第35条の2、介護老人保健施設基準第13条、第14条、第29条、第36条、第36条の2及び第43条、指定介護療養型医療施設基準第14条、第15条、第28条、第34条、第34条の2及び第43条並びに介護医療院基準第16条、第17条、第33条、第40条、第40条の2及び第47条関係）

・　利用者等が参加せず、医療・介護の関係者のみで実施するものについて、「医療・介護関係事業者における個人情報の適切な取扱のためのガイダンス」及び「医療情報システムの安全管理に関するガイドライン」等を参考にして、テレビ電話等を活用しての実施を認める。

・　利用者等が参加して実施するものについて、上記に加えて、利用者等の同意を得た上で、テレビ電話等を活用しての実施を認める。

⑤ 利用者への説明・同意等に係る見直し

利用者の利便性向上や介護サービス事業者の業務負担軽減の観点から、政府の方針も踏まえ、ケアプランや重要事項説明書等における利用者等への説明・同意等のうち、書面で行うものについて、原則として、電磁的な対応を認めることとする。（居宅基準第217条新設、居宅介護支援基準第31条新設、地域密着型基準第183条新設、予防基準第293条新設、介護予防支援基準第33条新設、地域密着型予防基準第90条新設、指定介護老人福祉施設基準第50条新設、介護老人保健施設基準第51条新設、指定介護療養型医療施設基準第51条新設及び介護医療院基準第55条新設関係）

⑥ 記録の保存等に係る見直し

介護サービス事業者の業務負担軽減やいわゆるローカルルールの解消を図る観点から、介護サービス事業者における諸記録の保存・交付等について、原則として、電磁的な対応を認めることとし、その範囲を明確化する。（居宅基準第217条新設、居宅介護支援基準第31条新設、地域密着型基準第183条新設、予防基準第293条新設、介護予防支援基準第33条新設、地域密着型予防基準第90条新設、指定介護老人福祉施設基準第50条新設、介護老人保健施設基準第51条新設、指定介護療養型医療施設基準第51条新設及び介護医療院基準第55条新設関係）

⑦ 運営規程等の掲示に係る見直し

利用者の利便性向上や介護サービス事業者の業務負担軽減の観点から、運営規程

等の重要事項について、事業所の掲示だけでなく、閲覧可能な形でファイル等で備え置くこと等を可能とする。（居宅基準第32条及び第204条、居宅介護支援基準第22条、地域密着型基準第3条の32、予防基準第53条の4及び第274条、介護予防支援基準第21条、地域密着型予防基準第32条、指定介護老人福祉施設基準第29条、介護老人保健施設基準第31条、指定介護療養型医療施設基準第29条及び介護医療院基準第35条関係）

⑧　高齢者虐待防止の推進（◆）

障害福祉サービスにおける対応も踏まえ、全ての介護サービス事業者を対象に、利用者の人権の擁護、虐待の防止等の観点から、虐待の発生又はその再発を防止するための委員会の開催、指針の整備、研修の実施、担当者を定めることを義務づける。その際、3年の経過措置期間を設けることとする。（居宅基準第3条、第29条、第37条の2新設、第53条、第73条、第82条、第90条、第100条、第117条、第137条、第140条の11、第153条、第155条の10、第189条、第192条の9及び第200条、居宅介護支援基準第1条の2、第18条及び第27条の2新設、地域密着型基準第3条、第3条の29、第3条の38の2新設、第14条、第29条、第40条の12、第54条、第81条、第102条、第125条、第148条及び第166条、予防基準第3条、第53条、第53条の10の2新設、第72条、第82条、第91条、第120条、第138条、第156条、第192条、第207条、第240条、第259条及び第270条、介護予防支援基準第1条の2、第17条、第26条の2新設、地域密着型予防基準第3条、第27条、第37条の2新設、第57条及び第79条、指定介護老人福祉施設基準第1条の2、第23条、第35条の2新設、第39条及び第46条、介護老人保健施設基準第1条の2、第25条、第36条の2新設、第40条及び第47条、指定介護療養型医療施設基準第1条の2、第24条、第34条の2新設、第38条及び第47条並びに介護医療院基準第2条、第29条、第40条の2新設、第44条及び第51条関係）

⑨　CHASE・VISIT情報の収集・活用とPDCAサイクルの推進

全てのサービスについて、CHASE・VISITを活用した計画の作成や事業所単位でのPDCAサイクルの推進、ケアの質の向上を推奨する。（居宅基準第3条、居宅介護支援基準第1条の2、地域密着型基準第3条、予防基準第3条、介護予防支援基準第1条の2、地域密着型予防基準第3条、指定介護老人福祉施設基準第1条の2及び第39条、介護老人保健施設基準第1条の2及び第40条、指定介護療養型医療施設基準第1条の2及び第38条並びに介護医療院基準第2条及び第44条関係）

■著者紹介

福岡　浩（ふくおか　ひろし）

　介護業務運営・業務改善コンサルタント。元介護サービス情報の公表制度主任調査員。

　㈱やさしい手FC事業部（現：コンサルティング事業部）で6年間、FC運営指導業務を担当した後、独立し、2005年4月、有限会社業務改善創研を設立。介護事業者に対する介護事業運営とその業務改善に関わる指導、支援業務（コンサルティング）等を開始。訪問介護事業、居宅介護支援、通所介護、グループホーム、小規模多機能型居宅介護、サービス付き高齢者向け住宅などの事業運営に関するコンサルティングを行う。

　2006年4月より神奈川県介護サービス情報の公表制度主任調査員を務め、現在までに330か所以上の介護サービス事業所、介護施設等の調査を担当。また、民間企業や地方自治体の主催する介護事業経営者、介護事業所管理者向けの数多くのセミナー、研修会等の講師を務める。

　主な著書に、「プロの調査員が教える！　介護事業所・施設の選び方が本当にわかる本」（自由国民社）、「訪問介護・通所介護・居宅介護支援　選ばれる事業所運営の鉄則」（日総研出版）がある。

〔連絡先〕
e-mail：gks_hfukuoka@yahoo.co.jp　　　　携帯電話：090-3514-7242

〔主な資格・研修実績等〕
介護支援専門員実務研修修了（東京都）
「介護サービス情報の公表制度」に係る調査員養成研修修了（神奈川県）
かながわ福祉サービス第三者評価推進機構評価調査者養成研修修了（神奈川県）
横浜市第三者評価調査員養成研修修了（横浜市）

※本書は原則2021（令和3）年3月1日現在の法令等に基づいています。制度の詳細については、今後も法律、省令、告示、厚生労働省通達・通知などの改正・改定により変更されることもあり得ますので、厚労省HPなどで最新情報をご確認願います。

標準化・効率化方針でこう変わった！
実地指導 基本と実務対応

2021年4月9日　初版第1刷発行

著　者／福岡　浩
発行者／石井　悟
印刷所／大日本印刷株式会社
製本所／新風製本株式会社
発行所／株式会社自由国民社

　　　　〒171-0033　東京都豊島区高田3-10-11
　　　　営業部　TEL 03-6233-0781 ／ FAX 03-6233-0780
　　　　編集部　TEL 03-6233-0786 ／ FAX 03-6233-0790
　　　　URL https://www.jiyu.co.jp/

カバー及び19、68、80、87、110、138、186、201、209頁のイラスト：マツ/PIXTA
27、38、134、147、170頁のイラスト：モリケン/PIXTA

■装幀・吉村朋子／本文DTP・㈲中央制作社